ANNIE BESANT

———

Vers
l'Initiation

Traduit de l'Anglais

Conférences de Londres 1912

———

CINQUIÈME ÉDITION

LES ÉDITIONS THÉOSOPHIQUES
Rue Dareau, 81. — PARIS (14ᵐᵉ)

Vers l'Initiation

ANNIE BESANT

Vers l'Initiation

Traduit de l'Anglais

Conférences de Londres 1912

CINQUIÈME ÉDITION

LES ÉDITIONS THÉOSOPHIQUES
Rue Dareau, 81. — PARIS (14me)

Il a été tiré, de cet ouvrage, Quarante exemplaires sur papier de la Manufacture Impériale du Japon numérotés de 1 à 40.

Annie Besant

AVANT-PROPOS

―――

Il n'y a rien de nouveau dans ces conféren-
ces, rien que d'antiques vérités une fois de plus
répétées ; mais ces vérités sont d'un intérêt si
grand et si vivant, que, quoique anciennes,
elles ne sont jamais fanées ; bien que connues, il
y a toujours quelque chose à dire qui jette sur
elles une lumière et un charme nouveau. Elles
touchent en effet l'intime essence de notre être
et nous apportent la brise du ciel dans la vie
inférieure d'ici-bas.

Submergés que sont la plupart des hommes
dans les affaires de la vie ordinaire, ils sont
enclins à perdre de vue « les choses qui sont
du monde de la béatitude » si bien que tout
appel tendant à leur « faire lever les yeux sur
les cimes » est entendu de ceux qui cherchent
et aspirent à une vie meilleure. Les vérités

éternelles sont toujours reposantes, comme l'est la vue des cimes neigeuses pour ceux qui cheminent sur les routes poussiéreuses de la vallée.

Puissent ceux qui se souviennent des antiques faits concernant le sentier du disciple et de la Maîtrise, être incités à l'effort et puissent-ils encourager leurs frères à persévérer dans cet effort, à aider quelques-uns à suivre ce conseil : « Soyez parfaits comme votre Père, au ciel, est parfait. »

Annie BESANT.

NOTE DU TRADUCTEUR

La présente traduction a été faite aussi littéralement que possible, quelquefois même au détriment de la forme littéraire, car nous avons pensé que le texte original devait être rendu avec la plus grande exactitude.

VERS L'INITIATION

Le Perfectionnement de l'homme

I

L'homme ordinaire; ses premiers pas

Il est un Sentier qui conduit à ce que l'on appelle : l'Initiation, et, par l'Initiation, au perfectionnement de l'homme. C'est un Sentier dont toutes les grandes religions du monde ont reconnu l'existence et dont les principales caractéristiques ont été décrites, dans les mêmes termes, par chacune d'entre elles. En étudiant les enseignements de l'Eglise Catholique Romaine vous le retrouvez là, divisé en trois parties : 1° la voie de purification ou voie purgative ; 2° la voie de l'Illumination ; 3° la voie conduisant à l'union avec le Divin. Vous le trouvez aussi chez les musulmans, dans le Soufisme, qui est l'enseignement mystique de l'Islamisme —

où il est connu sous la dénomination : la Voie,
la Vérité et la Vie ; en vous avançant vers
l'Extrême-Orient, vous trouverez cet enseignement divisé en nombreuses subdivisions, lesquelles peuvent être classées sous une dénomination plus large dans la grande religion
du Bouddhisme. Il se divise de la même manière dans l'Hindouisme, car dans ces deux
grandes religions, dans lesquelles l'étude de
la psychologie de l'intelligence et de la constitution humaines ont joué un si grand rôle,
vous trouverez des subdivisions beaucoup
mieux définies (1).

En fait, peu importe vers quelle religion
vous vous tournez, peu importent les termes
que vous choisissez comme étant ceux qui
expriment le mieux votre pensée et qui atti-
rent le plus votre attention ; le Sentier est Un ;
ses divisions sont toujours les mêmes ; de

_____

(1) Le Sentier de Purification est le Sentier de Probation sur lequel certaines qualités déterminées doivent être développées ; le Sentier de l'Illumination
est le Sentier de Sainteté subdivisé en quatre étapes,
chacune d'entre elles étant marquée par une Initiation, ces Initiations étant symbolisées dans le Christianisme par la Naissance, le Baptême, la Transfiguration et la Passion du Christ. Le Sentier de l'Union
mène à la Maîtrise, la Libération, le Salut final.
(N. de l'A.).

temps immémorial, il a conduit de la vie ordinaire de ce monde à la Vie Divine. Durant le cours de milliers et milliers d'années quelques membres de la race humaine l'ont parcouru ; dans les millénaires à venir quelques-uns de notre race le parcourront jusqu'à la fin de l'histoire de notre terre et jusqu'à la fin du cycle spécial à l'humanité.

C'est le Sentier au terme duquel, étape après étape, l'homme parvient à réaliser ce commandement du Christ :

« Soyez parfaits, comme votre Père au ciel est parfait. »

C'est le Sentier au sujet duquel le même grand Instructeur s'exprime ainsi : Etroite est la porte et étroit le chemin qui conduisent à la Vie et peu nombreux sont ceux qui le trouvent !

Je sais que, plus tard, lorsque l'on eut oublié l'existence du Sentier, les hommes substituèrent à ces paroles si vraies, d'autres qui sont absolument fausses et qui signifient : étroits sont la porte et le chemin qui conduisent à la vie céleste, mais grand ouvert est le chemin qui mène à la damnation éternelle. Mais ceci est une mauvaise interprétation de l'enseignement occulte, Celui que ses disciples

appelèrent le Sauveur du Monde, n'a jamais
pu déclarer que quelques-uns seulement seraient sauvés et qu'immense serait la foule de
ceux qui seraient perdus.

En traitant du Sentier, nous ne sommes pas
dans ces limites de la foi exotérique où l'on
parle du ciel et de l'enfer. La vie vers laquelle
ce Sentier conduit le pélerin n'est pas cette
vie de jouissances fugitives du ciel ; c'est la
vie dont il est question dans le quatrième évan-
gile où il est écrit : « La connaissance de
Dieu est la vie éternelle. » Cette vie ne se
compte pas par des siècles sans fin, mais elle
implique un changement dans l'attitude de
l'homme ; elle n'est pas limitée par le temps,
car elle est infinie ; elle ne se compte pas par
les levers et couchers de soleil, quand bien
même ces levers et ces couchers feraient partie
intégrante d'une vie éternelle, ce qui signifie la
sérénité parfaite, l'Unité avec Dieu, dans laquelle le temps n'est qu'un incident passager
de l'existence et pour laquelle la seule réalité
toujours présente est la Vie de l'Esprit.

Ainsi donc, ce Sentier, que nous allons étudier au cours de nos conférences dominicales,
en donnant un bref et incomplet aperçu de
ce qu'il signifie pour l'homme, c'est le chemin

court, mais difficile, sur lequel l'homme peut
évoluer plus rapidement que dans le cours de
l'évolution humaine normale et naturelle.
Pour employer une comparaison souvent usi-
tée, c'est la voie sur laquelle l'homme, au lieu
de suivre les lacets interminables qui con-
tournent la montagne, gravit celle-ci en mon-
tant directement sur ses flancs abrupts, sans
se soucier des rocs et des précipices, des gouf-
fres et des abîmes, conscient qu'il est que
rien ne peut arrêter l'Esprit Eternel, qu'aucun
obstacle ne peut résister à la force qui est
l'omnipotence, cette force ayant sa source dans
l'Omnipotence même.

Tel est le Sentier que vous et moi allons
essayer d'étudier, non seulement à cause de
l'intérêt que provoque un sujet si captivant, si
prenant, mais plutôt — du moins pour ma
part et, je l'espère, de la part de quelques-
uns de mes auditeurs — comme une étude
destinée à transformer la vie, étude qui incitera à prendre la détermination de suivre ce
Sentier, qui nous le fera connaitre non seulement en théorie, mais encore par la pratique.
Puisse cette étude nous aider aussi à comprendre quelque chose de ces mystères secrets par
lesquels l'homme arrive à reconnaitre cette

Divinité, toujours latente en lui qui tend vers la perfection et doit l'élever au delà de l'humanité.

Tel sera donc le plan de notre étude, et afin que celle-ci remplisse un but pratique, il nous faut admettre, du moins pour le moment, l'existence de quelques grands faits dans la Nature. Je ne veux pas dire que l'homme du monde qui fait ses premiers pas sur le Sentier ait besoin de connaître ou d'accepter ces faits. Les lois de la Nature ne changent pas, qu'on les admette ou non. Ces lois restent immuables, qu'on les reconnaisse ou non ; dès lors que nous sommes dans le règne de la Nature et que nous sommes soumis à ses lois, la connaissance des faits et des lois n'est pas essentielle pour faire les premiers pas qui conduisent l'homme vers le Sentier. Il suffit que les faits *soient*, que l'homme, inconsciemment, soit influencé par leur action dans sa vie intérieure et dans sa vie extérieure. Il suffit que les lois existent ; que l'homme les ignore ou non, peu importe !

Le soleil ne cesse pas de vous réchauffer du fait que vous ne connaissez rien de sa constitution. Le feu ne vous brûle pas moins du fait qu'ignorant le danger qu'il présente, vous mettez vos mains dans la flamme. Ce qui assure la sécurité de la vie humaine et du progrès humain, c'est que les lois de nature ne cessent pas de fonctionner et de nous entraîner avec elles, que nous les connaissions ou non. Toutefois, si nous les connaissons, un immense avantage en découle pour nous, car nous pouvons alors coopérer avec elles, ce que nous ne pouvons faire si nous demeurons plongés dans l'obscurité de l'ignorance. Si nous connaissons les faits, nous pouvons les utiliser, chose qui nous est impossible si nous ignorons leur existence. Connaître, c'est marcher dans la lumière au lieu d'aller à tâtons dans l'obscurité ; comprendre les lois de la Nature, c'est acquérir le pouvoir de hâter notre évolution en utilisant toutes les lois qui peuvent accélérer notre progrès et en cherchant à éviter celles qui peuvent nous retarder ou nous arrêter.

L'un des grands faits qui sont à la base de la possibilité de tout perfectionnement humain sur le Sentier, c'est la Réincarnation ; elle est une loi fondamentale de la Nature et je dois la considérer comme étant admise au cours de mes conférences — car la développer et en entreprendre ici une discussion nous en-

traînerait trop loin de notre sujet. Cette loi
implique le progrès graduel de l'homme par
de nombreuses vies successives, par des expériences infinies dans les mondes astral et physique et, aussi, dans le monde que l'on désigne
sous le nom de Ciel. L'évolution serait trop
courte pour permettre à l'homme de grandir
de l'imperfection à la perfection si de nombreuses occasions ne lui étaient offertes. Notre homme du monde qui désire faire les premiers pas, qui est tout prêt à les faire, a derrière lui une longue évolution au cours de laquelle il a appris à choisir le bien et à rejeter
le mal, au cours de laquelle son intelligence
a évolué, a été cultivé, et son caractère édifié
de façon à le sortir de l'ignorance, de l'état
amoral du sauvage, pour l'amener au niveau
atteint par l'homme civilisé qu'il est aujour-
d'hui. Le fait de la Réincarnation doit donc
être admis ; car aucun de nous ne pourrait
parcourir le long sentier et atteindre la perfection divine dans les limites d'une seule vie.
Mais il n'est pas nécessaire que notre homme
du monde connaisse la Réincarnation. Il la
connaît d'ailleurs dans sa mémoire spirituelle,
bien que son cerveau physique ne l'ait pas reconnu ; son passé qui est un fait, le poussera

en avant jusqu'à ce que l'esprit et le cerveau soient en rapports absolus, et alors, ce qui est connu de l'homme lui-même devient un fait concret dans son intelligence.

Le grand fait suivant qu'il importe aussi d'admettre, au moins en principe, peut être résumé par cette seule phrase tirée de nos Ecritures : « Ce que l'homme sème, il le récoltera. » C'est la loi de causalité, la loi d'action et de réaction, par laquelle la Nature donne inévitablement à l'homme les résultats de ses pensées, de ses désirs, de ses actes.

Enfin, il existe un Sentier que des hommes ont parcouru avant nous ; l'évolution peut être accélérée et ses lois peuvent être connues, ses conditions comprises ; les étapes qu'elle comporte ont été franchies, et au terme du Sentier se tiennent Ceux qui, autrefois hommes dans le monde comme nous, sont devenus aujourd'hui les gardiens du monde, les frères aînés de notre race, les Instructeurs et les prophètes du passé et ils s'élèvent dans une lumière toujours plus brillante jusqu'à la fin du Sentier où se tient Celui qui est le Législateur suprême du monde dans lequel nous vivons. Bien vain serait notre espoir si nul d'entre

nous n'avait frayé le chemin, si nul, avant
nous, n'avait parcouru le Sentier. Mais Ceux
qui, dans le passé, sont venus comme Instructeurs, ont, eux aussi, accompli, dans un
passé plus lointain encore, le grandiose pèle-
rinage ; Ceux que nous honorons aujourd'hui
comme Maîtres restent en contact avec le
monde afin de prendre des disciples qu'ils guident dans leur marche sur le Sentier.

⁂

Tels sont les grands faits dans la Nature,
faits qui existent, qu'ils soient ou non reconnus et qui rendent possible l'acheminement
sur le Sentier. La loi de Réincarnation, la loi
de Karma, le Sentier, l'existence des Instructeurs, telles sont les quatre vérités que je dois
considérer comme étant admises ; elles se dis-
cutent et se soutiennent, il est possible d'en
démontrer la valeur ; mais, nous nous conten-
terons ici de les poser en principe, car, sans
elles, ces conférences n'auraient pas leur raison d'être.

⁂

Que doit donc faire notre homme du monde
ou que fait-il, si vraiment il s'approche de l'en-

trée du Sentier ? J'ai dit qu'il n'est pas nécessaire qu'il connaisse, comprenne ou admette les quatre grandes vérités que je viens
d'énumérer.

Ce qu'il y a de vraiment consolant, c'est de
penser qu'il peut y avoir — qu'il y a même,
pourrait-on dire — un grand nombre d'entre
nous qui, ne connaissant pas encore la vérité
de ces choses, s'avancent néanmoins, au cours
de leur évolution, vers l'entrée du Sentier.
Bien que, dans l'avenir, vous serez, plus qu'aujourd'hui, conscients de votre évolution, celle-ci
n'en est pas moins un fait, bien que vous en
soyez actuellement inconscients. Or, ce que je
désire, ce matin, c'est de vous indiquer quelles
sont les étapes à franchir, les pas à faire pour
que vous puissiez, en examinant votre manière
de vivre, noter vous-mêmes le point auquel vous
êtes arrivés, pour que chacun de vous ap-
prenné à se rendre compte s'il est ou non orienté
dans la direction du Sentier ; car nombreux sont
ceux qui, sans le savoir, prennent cette direction, alors que d'autres ne s'y sont engagés
qu'après avoir étudié et compris tout ce
qu'elle comportait. Faire que votre évolution
soit poursuivie d'une façon consciente au lieu
d'être inconsciente, vous rendre aptes à vous

connaître vous-mêmes, à savoir où vous en êtes, tel est le but de cette première conférence afin que ceux qui, parmi vous, croient à l'existence du Sentier, apprennent la vraie manière de vivre, et que ceux qui s'en approchent inconsciemment puissent, par un heureux concours de circonstances, apprécier le bonheur de leur destinée.

Le premier pas à faire, celui qui est absolument indispensable, sans lequel il est impossible de s'approcher du Sentier, mais grâce auquel le but visé peut être atteint, peut se résumer brièvement par les mots suivants : « se donner au Service de l'Humanité ».

Telle est la première condition, la condition *sine qua non*. Pour l'égoïste, aucun avancement possible ; pour l'homme désintéressé, l'avancement est certain. Et, quelle que soit l'existence dans laquelle l'homme commence à penser au bien général plus qu'à son intérêt personnel, que ce soit dans le service pour la ville, la communauté, la nation, ou pour la réalisation de la fraternité des nations entre elles, jusqu'au service même de l'humanité, chacune de ces actions est un pas en avant fait vers le Sentier, et prépare l'homme à y poser les pieds. Et ici, il n'y a aucune dis-

tinction à faire entre les divers services, pourvu
qu'ils soient accomplis dans un but désintéressé et avec persévérance, pourvu qu'ils aient
comme mobile l'idéal d'aider et de servir. Le
service peut être de nature purement intellectuelle, comme l'œuvre de l'écrivain ou du ro-
mancier qui essaie de répandre les connaissances qu'il a acquises afin de rendre le monde
meilleur, un peu plus apte à comprendre, et
cela, parce qu'il a vécu, lui, et qu'il a écrit.

Le service peut aussi se rendre par l'inter-
médiaire de l'art, grâce auquel le musicien,
le peintre, le sculpteur, l'architecte, se pro-
posent comme idéal de rendre le monde plus
beau, plus agréable et la vie plus douce,
de donner à l'humanité plus de grâce et de
culture. Il peut se placer encore à un point
de vue social quand l'homme, mû par la sympathie qu'il éprouve pour les pauvres et pour
ceux qui souffrent, consacre toute sa vie à
aider les autres, à améliorer la société là où
des réformes sont nécessaires, à changer les
milieux là où ces milieux, ayant eu
leur utilité dans le passé, ne sont
plus aujourd'hui qu'un anachronisme et
empêchent l'humanité de progresser ainsi
qu'elle le ferait si elle se trouvait dans une

ambiance meilleure, entourée de conditions
plus pures et plus nobles. Le service peut aussi
s'exercer dans l'œuvre politique qui est la vie
de la nation, que cette œuvre s'exerce à l'extérieur comme à l'intérieur. De même, dans le
domaine médical où le médecin s'efforce de
substituer la santé à la maladie et de rendre
les conditions meilleures pour le corps physique afin que celui-ci devienne plus sain et
puisse vivre plus longtemps qu'il ne le ferait
autrement. Mais, je ne puis vous donner ici
les divisions multiples du Sentier du service.
Tout ce qui ajoute de la valeur à la vie humaine fait partie de ce Sentier. Choisissez
donc ce que vous voudrez, selon vos capacités
et les occasions, peu importe la voie que vous
prendrez pour faire vos premiers pas sur le
Sentier : commerce, industrie, tout ce qui
peut être utile à l'homme, production, répartition, tout cela rentre dans le service à rendre à l'homme et répond à toutes ses nécessités.

Mais, me direz-vous, tous sont engagés dans
les affaires que je viens d'énumérer ou, tout
au moins, dans des occupations similaires.
Oui, c'est juste, parce que le chemin qui conduit au Sentier est tracé dans la vie humaine,

et que rien de ce qui est nécessaire au progrès
et à l'évolution de cette vie ne peut être considéré autrement que comme un pas fait en
avant vers le Sentier. La différence réside dans
les conditions du travail. En réalité, les hommes suivent tous ces divers chemins et bien
d'autres encore ; ils produisent, ils répartis-
sent, ils apportent leur concours à l'industrie
ou au commerce ; ils sont écrivains, artistes,
politiciens, sociologues, réformateurs sociaux,
médecins, que sais-je ?... Mais quel est leur objectif, quel est le mobile qui les incite à l'action ? C'est en cela qu'est la différence entre
l'homme qui suit le cours ordinaire de l'évolution, progressant grâce à son travail ou à ses
études, et l'homme qui, tout en avançant lui-
même, progresse en n'ayant comme objectif
que le Service et non le succès personnel, en
n'ayant comme objectif que le désir d'élever
le monde un peu plus haut et non pas seulement celui de gagner sa vie.

Mon intention n'est pas ici de dédaigner ou
de mépriser ceux qui se contentent seulement
de suivre le chemin de la vie avec ses préoccupations ordinaires et courantes. Ceci fait partie, et une partie nécessaire de l'évolution.
Comment l'intelligence de l'homme évolue-

rait-elle, comment l'homme éduquerait-il ses
émotions, comment se développerait-il même
physiquement, s'il ne prenait pas en considé-
ration les moyens que lui offre le monde, s'il
ne tentait aucun effort pour y réussir? Il est
bon que les hommes travaillent pour récolter
les fruits de leurs efforts, qu'ils luttent pour
réussir, qu'ils soient ambitieux, qu'ils re-
cherchent les hautes situations, le pouvoir, la
renommée, les honneurs et les succès. Mais
tout cela, ce sont des jouets! oui, des jouets!
mais des jouets au moyen desquels les enfants
apprennent à marcher, des livres de prix
grâce auxquels les jeunes garçons sont incités
à l'étude, les succès dans les luttes de la vie,
pour l'obtention desquels la force, l'énergie et
les possibilités futures sont développées. Ne
méprisez pas le monde ordinaire où les hommes luttent et travaillent, où ils commettent
nombre de bévues et d'erreurs, se livrant au
péché et même au crime, car toutes ces
choses sont les leçons que donne l'école de
la vie, sont les étapes que chacun doit
franchir. De même que, dans le monde
des brutes, les luttes sauvages auxquelles elles se livrent sans cesse développent
la force et la ruse, et aussi l'instinct de la con-

servation de la vie, de même, chez les hommes, la lutte ardente développe la puissance de la volonté, de l'intelligence, des émotions, et même la puissance des muscles et des nerfs. Dans un monde, issu de la sagesse et de l'amour infinis, il n'est pas une seule leçon de la vie qui n'ait sa raison d'être, et dans tous ces prix qu'offre le monde — d'un point de vue plus élevé, appelez-les des jouets si vous voulez — dans tous les fruits de l'action auxquels il vous faudra renoncer en les mettant de côté dans la vie supérieure — dans tous ceux-ci Dieu est caché ; dans chacun d'eux, c'est le seul pouvoir de son attraction qui entraîne ; et, bien qu'ils se brisent une fois que vous les avez saisis, bien que l'ambition se réduise en cendres une fois qu'elle est satisfaite, que les richesses ne sont plus qu'un lourd fardeau une fois qu'elles ont été accumulées, que le plaisir devient satiété quand il a rempli la coupe des délices, ces ruines sont, malgré tout, autant de leçons qui, vous vous en souvenez sans doute, ont été si délicieusement décrites par le poète chrétien, Georges Herbert :

« Lorsque Dieu créa le premier homme, il avait près de Lui une coupe remplie de bienfaits. « Je veux, dit-il, répandre sur l'homme tout ce que je peux, que toutes les richesses éparpillées dans le monde en un instant se rassemblent.

Ce qui, en premier lieu, se fraya un chemin, ce fut la force. Puis vinrent la beauté, la sagesse, les honneurs, le plaisir.

Lorsque presque tout fut sorti, Dieu, un instant, s'arrêta.

Il s'aperçut alors que de tous ces trésors
Seul, le repos restait au fond de la coupe.
Et Dieu dit : Si je donne aussi
Ce joyau à ma créature, au lieu de m'adorer
Elle adorera mes présents,
Elle adorera le repos de la nature et non le Dieu dans la nature.
Ainsi tous les deux y perdraient
Qu'elle garde le reste.
Qu'elle le garde avec des regrets incessants
Qu'elle soit riche et tôt lassée pour que
Si la bonté ne peut la toucher, le dégoût au moins
La pousse à venir se réfugier sur mon cœur ».

Ces vers font tout à la fois ressortir la valeur et la non-valeur de la vie humaine, sa valeur en ce qu'elle offre aux hommes les moyens de développer les facultés sans lesquelles aucun progrès n'est possible ; sa non-valeur du fait que tout ce qui excite l'ambition des hommes, se réduisant en poussière, ils restent les mains vides jusqu'à ce qu'enfin ils se jettent aux pieds de Dieu.

C'est donc en cela que consiste la valeur de la vie humaine ; l'homme d'aujourd'hui commence à comprendre que ce n'est pas en re-

cherchant les plaisirs, les honneurs, la richesse pour soi-même que l'on peut trouver
une joie durable, mais en se consacrant au
service d'autrui, en cherchant à aider les mal-
heureux, à instruire les ignorants, à affranchir
les opprimés, à soulager les douleurs de ceux
qui souffrent. Et nombreux sont aujourd'hui
ceux qui, parmi vous, ayant l'aisance et le
bien-être, ne peuvent en jouir parce que leur
cœur saigne devant les souffrances du monde,
qui se sentent oppressés au milieu du confort
et du luxe qui les entourent, à la pensée que
d'autres meurent de faim et sont écrasés par
le fardeau de la vie. Oh ! l'éveil de la conscience sociale qui commence à se faire sentir
parmi nous par le sentiment du devoir envers
la société des responsabilités sociales qui nous
incombent, tout cela n'est-il pas le signe le
plus noble que l'évolution de l'homme progresse, une preuve manifeste que l'avènement
d'une nouvelle Race est proche, une race dont
la caractéristique sera la sympathie pour autrui et non plus l'indifférence, la coopération
et non plus la compétition ! Telle sera bientôt
la règle qui s'imposera dans la vie extérieure
de l'homme. A mesure que ces sentiments se
propageront et se fortifieront, toujours de plus

en plus nombreux seront les hommes qui fe-
ront les premiers pas vers l'entrée du Sentier.
Mais les efforts tentés devront être constants ;
il ne faut pas que ce soit le résultat d'un sentiment passager, provoqué par un instant de
compassion, qui vous fasse donner un peu de
superflu qui ne vous manquera pas, à quelque bonne cause ou à quelque malheureuse
famille ; non pas le sacrifice de quelques
jouissances luxueuses afin que d'autres puissent profiter un peu plus des nécessités de
la vie. Il vous est demandé beaucoup plus
que cela, à vous qui voulez marcher vers l'entrée du Sentier : c'est le don de vous-mêmes,
et non pas seulement le don de ce que
vous possédez — et c'est en cela que la
différence devient immense ! Il vous faut
ressentir les souffrances d'autrui comme vous
sentez vos propres souffrances, éprouver leurs
chagrins, comme si c'était votre propre cœur
qui était déchiré. Ceci agit sur vous comme un
aiguillon irrésistible qui vous pousse sans
cesse à l'action et dans le Sentier du Service
sans que vous puissiez jamais reculer. Il ne
manque pas, parmi vous, de personnes qui ne
peuvent pas rester inactives ; mais cela n'est
pas un sacrifice pour elles ; cette question

reste à l'arrière-plan. Pour elles, ce que le
monde désigne sous le nom de sacrifice fait
leur joie ; elles se réjouissent de se donner ;
s'il y a un sacrifice, ce n'est que dans le sens
où l'Esprit de Vie ne cesse de s'épancher sur
autrui, et cela encore est une joie pour elles
et non une souffrance ; un plaisir et non une
douleur ; un sentiment involontaire, une nécessité presque de leur vie. Et là où il vous est
donné de rencontrer une telle passion pour le
service, cette volonté de donner tout pour rendre les autres plus heureux, là où il vous est
donné de voir des individus qui pensent constamment à ce qu'ils pourraient faire pour aider, pour servir, qui cherchent autour d'eux
ceux à qui ils pourraient être utiles, — ce qui
peut se trouver dans le cercle familial ou dans
le cercle plus large de la vie publique — mais
il faut que ce soit le persévérant effort de donner toutes choses pour que les autres en pro-
fitent, — vous aurez fait alors se manifester
l'Esprit intérieur qui ne vit que pour se répandre et ne trouve sa satisfaction que dans
le service de l'humanité. Voici donc en quoi
consiste le premier grand pas. Et s'il vous
arrive de rencontrer une personne ayant cette
attitude, vous pouvez dire qu'elle s'approche

du sentier bien qu'elle n'en ait peut-être jamais entendu parler. Elle s'avance vers les Maîtres, bien qu'elle ignore leur existence. D'aucuns, qui sont encore dans le crépuscule de l'incrédulité quant à la vie spirituelle, sont plus près de l'entrée du Sentier que bien des hommes soi-disant religieux qui connaissent la religion en théorie mais qui ne la pratiquent pas. Et il y a une chose vraie dans l'expérience qu'offre le matérialisme — étant donné qu'il n'y est nullement question de récompense ni des joies du Ciel, rien qui ressemble à la maxime si souvent répétée : « Qui donne aux pauvres prête à Dieu, et ce qu'il prête lui sera rendu. » Dans la vie, l'incroyant se sacrifie pour autrui et n'attend pas de récompense, il n'a pas l'espoir que les bienfaits qu'il a répandus lui seront rendus un jour ; et par là, il arrive à une perfection du sacrifice du soi inférieur que bien des Chrétiens, Bouddhistes ou Hindous de bonne foi pourraient lui envier, tant sa vie gagne en profondeur et en réalité. J'ai eu autrefois un vieil ami, mort il y a vingt-et-un ans, et que les aînés d'entre vous peuvent avoir connu ; il s'appelait Charles Bradlaugh. C'était un homme qui ne croyait pas à une vie dans l'au-delà, qui, mou-

rant, était persuadé que tout finissait avec lui,
sauf les travaux qu'il avait accomplis pour les
hommes. Et cependant, je ne connais pas de
déclaration plus spiritualiste — tout athée mi-
litant qu'il fût — que celle qu'il exprima dans
un passage relatif à la liberté humaine et au
bonheur que, dans l'avenir, l'humanité devait atteindre — du moins il l'espérait — bien
qu'il fût certain de ne jamais voir ce jour.
« Je serais content, disait-il, si mon corps, en
tombant dans le fossé qui empêche l'humanité de progresser, pouvait devenir le pont
sur lequel les hommes marcheraient à la conquête d'un bonheur que je ne verrai jamais. »
L'homme qui s'exprimait ainsi et avec cette
sincérité qui le caractérisait dans tout ce qu'il
entreprenait, faisait les premiers pas vers le
Sentier qu'il trouvera sûrement dans une autre vie.

⁎

Sachez donc que le service requis, c'est le service désintéressé, celui qui donne tout et ne
demande rien en retour ; et, si vous parvenez
à constater que ce service devient une chose
indispensable à votre vie, qu'il n'est pas le résultat d'un choix, mais bien une impulsion

irrésistible, vous pouvez être persuadés que vous êtes parmi les hommes qui font leurs premiers pas vers le Sentier.

Faites-le donc ce premier pas, le plus vital. Il est un autre point, qui vous paraîtra sans doute assez étrange, mais qui n'en est pas moins vrai. L'homme qui peut être possédé par une idée au point qu'aucun argument, aucun avantage personnel, aucune des raisons qui influencent généralement l'homme ordinaire, ne peuvent réussir à le détourner de cette idée, un tel homme est bien près du Sentier. Le grand psychologue Hindou, Patanjali, l'auteur d'un traité sur la Yoga, a décrit, dans ses axiomes, les stades de la vie par lesquels le mental de l'homme doit passer. Le premier de ces stades, dit-il, est celui du papillon, celui de l'enfant, où le mental saute d'une chose à une autre, tel le papillon qui voltige de fleur en fleur et s'arrête, çà et là, un instant pour butiner un peu de miel, changeant sans cesse les buts vers lesquels il porte son attention, cherchant le plaisir, la distraction, la jouissance partout où il peut les trouver. Ce mental de papillon, dit-il, est bien loin de la Yoga.

Puis il parle du mental de la jeunesse tel qu'il le considère ; c'est la période où le mental, impulsif, se laisse dominer par les émotions, court de tous côtés, captivé tantôt par une idée, tantôt par une autre, plus constant cependant que le mental du papillon, mais changeant quand même de direction tout en s'attachant fermement à une idée pour un temps. Cela encore, ajoute Patanjali, est loin de la Yoga.

Puis vient le stade où le mental est possédé par une idée obsédante, car l'homme subit tellement son influence et son emprise que rien ne peut l'empêcher de la suivre. Or, si cette idée est bonne et juste, une idée pouvant profiter au service de l'humanité, une idée qui soit en harmonie avec la loi naturelle, l'homme ainsi possédé est bien près d'entrer sur le Sentier. Je n'oublie pas que l'idée fixe est bien souvent le fait du déséquilibré ; mais, dans ce cas, l'idée est fausse et non juste, elle transgresse alors les lois, elle est en désaccord et en désharmonie avec la loi d'évolution qui elle, est la loi du progrès. Pourtant, si l'on observe le maniaque et son idée fixe, il nous sera possible d'éclairer la question et de comprendre ce que l'on entend quand on dit qu'un homme est possédé par une idée : c'est ce qui existe chez les enthousiastes, les héros, les martyrs. Lorsqu'un homme, comme Arnold von Winkelried, se précipitait sur les piques de l'ennemi, qu'il tournait leurs pointes vers sa poitrine afin de provoquer, dans la foule des adversaires, une trouée qui permettrait à ses camarades de passer quand *lui tomberait tué*, cet homme était possédé par une idée, celle de servir sa patrie ; et comme il s'agissait là de sauvegarder la liberté de son pays, tout ce qui d'habitude influence l'homme ordinaire : amour de la vie, peur de la souffrance, rien ne pouvait le faire reculer. Il en est de même pour le martyr qui préfère mourir plutôt que de dire une chose qu'il considérerait comme contraire à la vérité. Peu importe s'il a tort ou raison. Nombreux sont ceux qui ont subi le martyre pour ce qu'ils croyaient être la vérité mais qui n'était qu'une erreur. Lorsqu'un homme s'attache si profondément à une idée qu'il croit être vraie et qu'il lui semble préférable de mourir plutôt que de la renier, un tel homme mérite le nom de martyr, et la couronne du martyre sera, pour lui, dans la suite, la connaissance de la vérité. C'est l'attitude de l'homme qui importe.

Je vais maintenant toucher une autre question qui vous montrera qu'en vous exposant

tout ce qui précède, je n'ai cherché à mettre
en cause que des sujets avec lesquels je
suis moi-même complètement d'accord. Une
des questions brûlantes du jour, c'est la politique qui est suivie actuellement par le parti
extrême du suffrage des femmes. Il ne m'appartient pas de donner une opinion à ce sujet ;
quand je ne participe pas à un mouvement,
quel qu'il soit, je ne veux jamais juger ceux
qui encourent un danger que je ne partage
pas. Mais je dois dire qu'il importe peu que
les gens qui y sont mêlés aient tort ou raison ;
que peu importe qu'ils réussissent ou qu'ils
échouent dans leurs tentatives, que leur façon
d'envisager les choses soit juste ou erronée. Ce
sont là des questions qui n'affectent nullement
le caractère, et la vie que se créent ces femmes
par leur sacrifice héroïque et leur dévouement
splendide à la cause qu'elles servent, femmes
cultivées, bien élevées et raffinées que
ce sacrifice et ce dévouement à cette cause conduisent à l'enfer que représentent le dépôt et
la prison.

Si j'ai choisi ce cas, c'est que, dans toutes les
réunions, vous trouverez de grandes différen-
ces d'opinions sur la folie ou la sagesse de l'action de ces femmes, et je désire vous faire

comprendre que, au point de vue occulte, l'action extérieure peut être comparée à une coquille qui, une fois brisée et rejetée, laisse voir le fruit ou motif qu'elle contient : la noblesse de caractère, l'héroïsme et le courage, le dévouement portés au suprême degré.

Lorsque vous voyez des personnes ainsi possédées par une idée au point qu'aucun argument mondain n'est capable de les ébranler, alors, je vous le dis, au nom de cette grande loi occulte que la plupart d'entre vous reconnaissent comme vraie, ceux-là s'approchent bien près de la porte du Sentier. Les erreurs conçues par le cerveau peuvent être rapidement rectifiées, instantanément presque, mais édifier un caractère fait d'héroïsme, de dévouement, d'esprit de sacrifice, c'est là une œuvre de longue haleine qui demande beaucoup de vies et un effort continu. C'est ainsi que l'occultisme juge toutes ces choses dans le monde. L'acte extérieur est l'expression de quelque pensée antérieure, d'une émotion antérieure, mais le mobile qui a suscité cet acte est tout ce qui importe.

Ainsi, en considérant ce qui se passe dans le monde, nous ne jugeons pas les hommes d'après leurs actions, mais d'après leurs pen-

sées, leur volonté et leurs sentiments, car la
pensée, la volonté et les émotions subsistent,
tandis que l'action s'efface rapidement.

Je ne sais si, sous peine de paraître me
placer à un point de vue trop personnel, je
puis me permettre de vous raconter un incident de ma propre vie qui, ainsi que me l'a
dit Mme Blavatsky, me conduisit, dans ma
présente existence, au seuil de l'Initiation. Et
de fait, il en était ainsi et c'était une grave
méprise, une très grande erreur, et c'est à
cause de cela surtout que je mentionne le fait
plus volontiers que s'il eût été question d'une
action sagement réfléchie et accomplie. Il s'agit
de la défense que je fis du *Pamphlet Knowl-
ton*, dont l'auteur est mort avant ma naissance, un pamphlet dont personne ne pouvait
s'enorgueillir, que personne ne pouvait approuver, mais dont je voulus prendre la défense
tout simplement parce que je croyais que la
misère des pauvres gens subsisterait aussi
longtemps que la question concernant la popu-
lation ne serait pas discutée. Je sais qu'aujour-
d'hui des milliers de personnes se sont rangées
à cette opinion ; mais, à cette époque, elles y
étaient opposées ; prendre sa défense, c'était
encourir la disgrâce de la société et, apparem-

ment, la déconsidération, surtout lorsqu'il
s'agissait d'une femme ; c'était la chose la plus
néfaste qu'on pût faire du point de vue mondain, et c'est pourquoi je puis en parler. Tout
était mauvais, dans mon cas, sauf le désir que
je nourrissais d'alléger les souffrances de la
classe pauvre ; mais, parce que tel était mon
mobile, parce que, pour l'amour d'autrui, je
foulais sous les pieds tout ce qui a de la valeur
pour une femme, tout cela me conduisait, dans
cette vie, au Portail de l'Initiation. Il est impossible de rencontrer un cas plus extrême.

Vous pourrez donc comprendre maintenant
pourquoi je dis que *la loi occulte juge d'après
les mobiles et non d'après l'acte extérieur* qui
matérialise le mobile dans le monde des hommes. Aussi ne fût-ce d'aucune importance
que l'un de mes premiers actes, lorsque j'en-
trai dans la Société théosophique fut de répu-
dier complètement la thèse que j'avais soute-
nue, thèse logique du point de vue matérialiste,
mais erronée du point de vue spiritualiste. Ce
fut là ma mise à l'épreuve. Comprenez donc,
mes amis, que ce que vous avez à examiner
ce sont vos motifs bien plus que vos actions.

Que vos actes soient aussi sages que possible. Employez vos pensées les meilleures et

efforcez-vous de juger ce qui est bien
avant d'accomplir un acte ; mais sachez, pour
votre réconfort, que l'œil qui scrute le cœur
de l'homme et non les faits apparents, juge
avec plus de discernement que ne le fait le
monde. Donnez-vous entièrement au service,
ne retenant rien pour vous-mêmes ; aidez partout où vous pouvez aider, travaillez partout
où vous trouverez l'occasion de travailler, con-
sacrez votre vie à quelque haut idéal — pour-
suivez-le dans l'ombre et dans le soleil, et qu'il
soit votre compagnon aussi bien dans la tour-
mente que dans la paix. Quand vos vies antérieures s'épanouissent en fleurs de service,
d'héroïsme, de dévotion, alors, tout homme
du monde que vous êtes, ne connaissant
rien des choses dont nous avons parlé,
ignorant l'existence des Maîtres et les splen-
deurs du monde occulte, vous avez commencé
à faire les premiers pas qui vous conduiront
au seuil du Sentier, lequel vous incitera in-
failliblement à chercher le Maître. Mais Lui,
il vous aura trouvé bien longtemps avant que
vous n'ayez songé à le chercher. Bien que le
désir de chercher soit nécessaire dans le
monde inférieur, bien qu'ici-bas le consente-
ment du cœur et du cerveau soit indispensa-

ble, et que tous nos désirs doivent nous porter
vers la recherche de Celui dont on veut devenir le disciple, sachez bien que le Maître est
là, avant même que vous ne l'ayez cherché,
qu'il veille pendant que vos yeux sont encore
fermés. Et, alors que vous croyez ne servir que
les hommes, que vous croyez ne secourir que
les opprimés, les miséreux, les ignorants, ceux
qui souffrent, il n'en est pas moins vrai que,
dans les régions supérieures où le jugement
des Grands Etres est porté, leur sentence est
prononcée, bien que vous l'ignoriez, et qu'elle
vous dit : « En tant que vous avez fait ces
choses à l'un de ces plus petits de mes frères,
vous me les avez faites à moi-même. »

II

A la recherche du Maître

Les Soufis, qui sont les mystiques de
l'Islam, possèdent un dicton charmant ayant
trait à la Recherche du Maître, sujet qui fera
aujourd'hui l'objet de notre conférence. Ce
dicton est le suivant : « Les chemins qui mè-
nent à Dieu sont aussi nombreux que les souf-
fles des enfants des hommes. » Le fait est
exact. Nombreux sont les différents tempéra-
ments des hommes, nombreux leurs divers
besoins, et les aspirations de leurs cœurs sont
aussi variées que les satisfactions qu'ils recher-
chent. En envisageant ces nombreux chemins,
ces recherches multiples faites en vue d'atteindre la vie vraie, la vie de l'Esprit, pour arriver au Maître qui incarne cette vie, nous constatons que tous ces chemins se classent prati-
quement en trois grandes divisions, et que, le
long de l'un ou l'autre de ces chemins, se trouvent tous les chercheurs lorsqu'ils commencent

3

à s'apercevoir qu'ils sont réellement des chercheurs.

L'un est mû par le désir intense de posséder la connaissance, par une aspiration vers la compréhension, par l'impossibilité intellectuelle où l'homme se trouve d'atteindre au bonheur tant que le monde restera pour lui une énigme indéchiffrable, tant qu'il n'aura pas résolu les problèmes de la vie et que ceux-ci lui paraîtront insolubles.

Une autre grande classe de chercheurs aborde ce Sentier. A celle-ci appartiennent ceux qui sont poussés par un amour intense pour un Etre qui personnifie un idéal, par un Sentiment de loyauté et de dévotion pour ce guide dans lequel ils voient tout ce qu'ils désirent le plus réaliser dans cette vie.

Un troisième grand type de chercheurs comprend ceux dont la volonté ayant été éveillée par l'intolérable angoisse du monde, par toutes les souffrances qui accablent tant d'êtres de notre race, prennent la ferme détermination de changer tout ce qui peut être changé, et refusent de croire que tout ce que l'humanité souffre se trouve en dehors des remèdes dont l'homme dispose, grâce à l'application des pen-

sées d'amour et de ses activités. Ceux qui sont
conduits à chercher par la vision qu'ils ont de
ces souffrances du monde constituent, pour
ainsi dire, un élément de révolte parmi ceux
qui se sont engagés dans la recherche des choses les plus élevées. C'est ce chemin qui
m'est peut-être le plus familier parce que
c'est en le suivant que j'ai trouvé ce que je
cherchais, et ce qu'on a expérimenté soi-
même, la route sur laquelle on a marché, demeure toujours celle que l'on connaît le mieux,
celle que l'on peut le mieux indiquer aux autres.

Je me suis trouvée autrefois dans les bouges
de cette grande cité de Londres à l'heure où
les maisons se ferment, où les débitants de ge-
nièvre mettent à la porte la foule humaine ivre
et misérable qu'ils ont abritée. Les hommes,
en furie, tempêtaient et juraient; les femmes,
grelottantes et misérables, tenaient, pressés
contre leur sein, des enfants atteints déjà par
le poison de l'alcool. Je suis descendue dans
les enfers des exploiteurs où des hommes misérables et des femmes plus misérables encore
s'efforcent de gagner le droit de mourir de
faim — car on ne peut appeler cela le droit de
vivre. De la bouche même des hommes qui,
ainsi, expliquaient bien piteusement la raison

pour laquelle le salaire de la femme est si inférieur à celui de l'homme, j'ai entendu faire
cette déclaration : une dernière et triste res-
source leur reste, celle de se vendre pour avoir
du pain. Telle fut la réponse faite au cri :
« Non ! nous ne pouvons pas vivre avec un si
maigre salaire. » J'ai marché, au milieu de la
nuit, à travers la boue et la neige, pour me rendre aux réunions organisées par les conduc-
teurs d'omnibus et de tramways. C'était la
seule heure qu'ils eussent pu trouver pour déli-
bérer ensemble sur l'amélioration possible de
leur pauvre salaire. Et de tout cela, se dégagea
pour moi une conception si poignante de la
souffrance humaine, un désir si passionné de
trouver un remède à toute cette souffrance, un
tel désespoir devant l'effort humain qui n'a pu
construire un meilleur état social, que, finale-
ment, me vint le désir intense de trouver le
chemin de rédemption sociale.

Ainsi donc, l'homme peut s'engager sur l'un
ou l'autre de ces chemins, de ces chemins dont
parle un livre sacré de l'Orient : « Quel que
soit le chemin par lequel un homme vient à
moi, cet homme est le bienvenu, car tous les
chemins sont miens. »

On trouve chez les poëtes, notamment chez
ceux de la fin du XIXᵉ siècle, différentes ma-
nières de chercher à remédier aux souffrances
du monde. Il y a, par exemple, l'optimisme
intrépide et réconfortant de Robert Brow-
ning qui, lui, s'exprime en ces termes : « Dieu
est au ciel ; donc tout est bien pour le monde »
oubliant, à ce qu'il semble à la plupart d'entre
nous, que ce n'est pas tant d'un Dieu dans le
ciel dont nous avons besoin que d'un Dieu dans
l'enfer de la misère humaine. Les paroles du
vieux psalmiste hébreu frappent, à cet égard,
une note d'espoir plus juste quand il déclare :
« Si je monte au Ciel, tu y es, mais si je fais
mon lit dans l'enfer voilà que je t'y trouve
aussi. » Mais cette idée que toute la responsabilité repose sur Dieu peut pousser les hommes à l'indolence, et cela est néfaste ;
d'autre part, il ne faut pas oublier qu'il existe
des milliers d'êtres bons, sincères et dévoués,
comme les hommes et les femmes enrôlés dans
l'Eglise, dans l'Armée du salut, et autres nombreuses institutions qui viennent en aide aux
pauvres désespérés, lesquels trouvent là une
source d'encouragement et d'inspiration. On ne
peut vraiment qu'admirer parfois cette force

splendide de la foi qui surgit contre toute raison possible, semble-t-il, des profondeurs de
l'Esprit dans le cœur humain, de cet Esprit
capable de croire et de travailler, malgré toutes les difficultés et de croire en un Dieu
d'amour, même dans ce monde rempli de tant
de témoignages contraires.

Puis, nous avons une autre classe qui, elle,
n'admet pas cette façon de voir que j'ai taxée
d'optimisme profond, mais qui donne un point
de vue plus modéré, le point de vue exposé par
Tennyson dans son fameux poème « *In memo-
riam* », conception qui conduit à une espé-
rance aveugle et à la résignation dans l'ignorance comme étant le sort inévitable de
l'homme. Vous vous rappelez sans doute comment le poète traduit ce qui semble avoir été
sa façon propre d'envisager le problème, façon
qui ne stimulerait nullement à se mettre à 'a
recherche du Maître.

Oh ! malgré tout, nous voulons croire que le bien, d'une
manière ou d'une autre, sera l'aboutissement ultime du mal,
pour les angoisses de la nature, les péchés de la volonté, les
erreurs du doute, les souillures du sang ;

Que pas une créature ne marche sans but ; que pas une
vie ne sera détruite, ou rejetée au néant comme une chose de
rebut, quand Dieu aura parachevé l'édifice ;

Que pas un ver n'est tranché en vain ; que pas un papillon
de nuit, entraîné par un inutile désir, ne va se consumer à
quelque flamme stérile, sans contribuer à l'avantage d'un autre.

Voici, nous ne savons rien. Je ne puis que m'abandonner
à la confiance que le bien sera un jour, à la fin, dans le lointain, oui, à la fin, le lot de tous.

Ainsi se déroule mon rêve. Mais que suis-je? Un enfant qui pleure dans l'obscurité ; un enfant qui pleure après la lumière, et sans autre langage que ses larmes.

(*Traduction de Wilfrid Monod « Vade Mecum »*)

Mais tous ne peuvent être satisfaits d'un tel espoir qui se contente de dire : « Nous ne pouvons pas savoir ! » Et pour une nature impétueuse telle que l'était la mienne, qui s'est trouvée en face des misères terribles en ces jours auxquels j'ai fait allusion, les termes passionnés de Myers semblent mieux exprimer l'attitude que nous devons avoir dans la vie :

« S'il n'en était pas ainsi, ô Roi de mon salut
Grand serait le nombre de ceux qui te maudiraient — et moi tout le premier.
Nombreux sont ceux qui rejetteraient tes bienfaits pour saisir avidement ta damnation
Et qui abhorreraient le lever de ton soleil et l'éclat de sa lumière !
Qui feraient retentir l'air des éclats d'un rire incessant,
Torturés par cette douleur que tu as contemplé si long temps,
Se demandant si aucune récompense de l'au-delà
Pourra jamais compenser le mal implacable dont ils souffrent

C'est là un des moyens par lesquels l'homme est stimulé à chercher réellement, car il y a des natures qui, désespérées de ne pas trouver au dehors l'aide qu'elles implorent, se replient sur elles-mêmes pour tenter de découvrir quel remède pourrait bien être employé et qui, voulant espérer quand même, disent : « Il n'y a pas de Dieu, ô Fils de Dieu, si tu n'en es pas un ! » Ceux-ci comprennent la beauté des paroles de William Kingdon Clifford : « N'est-il pas dit : Mangeons et buvons, car demain nous mourrons ? Mais disons plutôt : Joignons nos mains et aidons-nous, car aujourd'hui, nous vivons ensemble ! » Ceci nous encouragera à chercher et nous stimulera à l'effort, qui tendra pour ainsi dire les muscles de notre esprit, les fortifiera pour la lutte, et les préparera au combat, à la victoire.

Quant à ceux qui, par l'un quelconque de ces chemins, sont arrivés au point où il leur faut « savoir » dût-il même leur en coûter la vie, où ils sentent qu'ils doivent trouver un idéal parfait ou perdre tout courage de vivre, qui comprennent qu'ils doivent trouver un remède énergique et non un palliatif à la souffrance humaine, ceux-là ont atteint le point où quelque chose doit venir sur leur route pour stimuler leur recherche consciente du Maître, un incident peut-être sans importance apparente, mais qui cependant les mettra dans la bonne direction. Quelquefois ce sera un livre pris sur la table d'un ami, en attendant l'arrivée de ce dernier, un livre peut-être comme *Le Monde Occulte* de M. Sinnett, ou l'un des livres théosophiques si largement répandus aujourd'hui. Et, ceux qui, prenant un livre et le feuilletant

négligemment, seront frappés par un passage,
le liront avec attention, puis, captivés, pour-.
suivront leur étude et commenceront à apprendre. Ou bien encore, ce sera une conférence
entendue un jour où l'homme cherchait à
employer une heure dont il ne savait que faire.
Ce sera aussi un tableau comme les toiles si
suggestives du grand artiste Watts. D'autres
fois, s'il n'est pas donné aux uns de lire ce
livre, d'entendre cette conférence, de voir des
amis à qui parler de ces grands problèmes,
cela peut arriver ainsi que cela m'arriva à moi-
même, non par un livre, ni par un tableau,
ni par une conférence, mais par une voix qui
semblait parler à la fois en dedans et en dehors
de moi, une voix que je savais si bien n'être
pas la mienne que je répondis instinctivement
comme si je parlais à un autre moi-même.

J'étais alors dans un bureau de la Cité, à
l'heure tardive où se fait ce silence étrange, au
moment où la marée humaine se répand vers
les faubourgs. C'est alors que vous éprouvez ce
sentiment de solitude absolue que, seule, connaît cette cité populeuse aux heures calmes
du soir. Et dans la voix c'était quelque chose
qui me parut à ce moment un peu dur, clair,
ferme et exigeant : « Etes-vous prête à renon-

cer à tout pour connaître la vérité ? » Et simplement, je répondis : « Assurément, car c'est
tout ce dont j'ai besoin. » Mais la voix, pour-
suivant avec insistance, dit encore : « N'est-il
rien que vous ne regrettiez ? Etes-vous disposée
à tout abandonner ? » Et de nouveau je répondis : « Il n'est rien à quoi je ne renoncerai
pour savoir, si seulement je puis savoir ». Et
alors la voix se fit musicale et pleine de dou-
ceur et de compassion bienveillante : « D'ici
peu de temps, me dit-elle, la lumière vous ap-
paraîtra. » Puis le silence se fit, et je demeu-
rai là, me demandant avec étonnement ce qui
avait bien pu se passer.

Quinze jours après cet événement si étrange,
la *Doctrine Secrète* de Mme Blavatsky fut mise
entre mes mains par M. Stead, alors éditeur
de la *Pall Mall Gazette*, avec prière d'en faire
un compte rendu, cet ouvrage n'étant pas du
ressort des jeunes gens qu'il employait d'habitude à ce travail. J'emportai chez moi les deux
gros volumes, et m'assis pour les lire, heure
après heure, jusqu'à ce qu'en vérité la lumière
apparut ; j'avais enfin trouvé ce que je cherchais en vain depuis tant d'années ! Il y a de
cela vingt-trois ans, et, à partir de cette heure
jusqu'à celle-ci, la même lumière m'a éclairée

sur le Sentier de la recherche et sur celui de la réalisation, car au vingtième siècle, comme au premier siècle, comme dans le plus lointain passé, ces paroles sont toujours vraies : « Cherchez et vous trouverez ; frappez et l'on vous ouvrira. »

Ainsi, pour beaucoup, sur l'un ou l'autre chemin, cette connaissance vient, connaissance de ces grands faits dont je vous ai parlé la semaine dernière, c'est-à-dire la Réincarnation et le Karma, qui expliquent les conditions des choses présentes et nous donnent le remède à appliquer demain au mal social. Ils offrent le temps et les moyens nécessaires pour un changement ; ils offrent, non seulement des solutions aux problèmes actuels, mais aident à la création d'un avenir plus noble, car vous pouvez les appliquer aussi aux problèmes de l'éducation des plus misérables et des plus dépravés, aux problèmes de la criminalité et aussi à ceux de la politique ; de plus, ils aident à comprendre les méthodes à employer pour opérer ces modifications et arriver au but vers lequel il faut tendre. Au chercheur se présente donc, en premier lieu, la théorie qui lui fait connaître les vérités fondamentales sur lesquelles le monde est basé, et, ensuite, la connaissance de

la loi, grâce à laquelle il trouvera les moyens et
la possibilité d'effectuer des changements.

Outre ces deux grandes vérités fondamentales, la Réincarnation et le Karma, il y en a
deux autres que j'ai mentionnées : le fait de
l'existence du Sentier et le fait de l'existence de
Ceux qui l'ont parcouru : les Maîtres. Ces
deux vérités répondent au cœur et à l'intelligence du chercheur qui désire, non seulement
« comprendre », mais aussi être un instrument
pour coopérer au plan Divin de l'évolution humaine. A ce chercheur sincère, elles indiquent
comment entrer dans le Sentier, comment trouver son Maître ; et, en vérité, la lumière
s'élève dans les ténèbres, car vous voyez les
degrés à franchir, vous percevez le but quoi-
qu'il soit hors d'atteinte et même au delà de
votre vision.

Lorsque ces paroles tirées des vieilles Ecritures Hindoues se seront fait entendre : « Ré-
veille-toi, lève-toi, cherche les grands Instructeurs, et veille ! » le chercheur pourra répondre joyeusement : « Je suis éveillé, je me suis
levé ; je cherche les Instructeurs et ne cesserai
de les chercher jusqu'au jour où je les aurai
trouvés. » Alors, dans la connaissance qui se
déploiera devant lui, toute la théorie de cette

recherche lui est exposée : comment l'homme
doit chercher, ce qu'il doit faire, les conditions
qu'il devra accepter pour se mettre en mesure
de chercher, et il aura confiance dans la justice de la loi qui lui assure qu'il sera récom-
pensé en trouvant ce qu'il a cherché. Il découvrira aussi, au cours de ses études, qu'il existe
une Science de l'Union ou Science de la Yoga
comme on l'appelle en Orient, car ce terme
« Yoga » signifie : s'unir ; et cette science conduit aux grandes vérités de l'Union. Alors
l'homme voit s'étendre devant lui le commencement du Sentier, puis il apprendra à
connaître les qualités requises pour le suivre.

Qu'est-ce que cette Yoga ? Elle n'est ni plus
ni moins que le moyen d'appliquer les lois de
l'évolution de l'esprit humain à l'individu, le
moyen net, défini et conforme à la loi, grâce
auquel l'esprit humain évolue. La Yoga montre
aussi comment appliquer ces lois aux cas indi-
viduels, de façon à accélérer l'évolution de l'intelligence et rendre l'homme capable de devan-
cer sa race, afin que, par là, il puisse aider
celle-ci à hâter aussi son évolution. La Yoga est
donc le moyen d'appliquer ces lois ; et à cela
elle ajoute une *Discipline de Vie*.

Or, cette discipline de vie est nécessaire pour

ceux qui voudraient se soumettre aux lois pouvant favoriser une évolution plus rapide, car
les lois ordinaires de la nature, qui nous entoure, ne font que nous entraîner dans le courant de l'évolution normale, mais si nous voulons en augmenter l'accélération, il nous faut
faire quelque chose pour fortifier toutes les
parties de nous-mêmes, sur lesquelles il faudra
faire pression pour déterminer cette évolution
plus rapide que nous sommes décidés à suivre. Telle est la raison d'être de cette discipline
de Vie. Elle n'est pas arbitraire ; elle n'est pas,
comme beaucoup le pensent, une tentative faite
par les Maîtres pour dresser des obstacles sur
le chemin qui mène à Eux, obstacles que bien
des gens ne voudraient ou ne pourraient
surmonter. Cette discipline est une sauvegarde
nécessaire pour celui qui veut devenir un disciple ; elle le garantit contre les dangers qu'offre un progrès anormal par suite des efforts
extraordinaires de corps et d'esprit qu'entraîne
ce progrès plus rapide. Et, à moins que vous
ne soyez capables de saisir la justesse de ceci,
à moins que vous n'admettiez ce que tout chercheur du Maître doit admettre, à savoir que le
Maître vous demande de faire, en un espace
de temps relativement court, ce que la race

mettra des centaines de milliers d'années à accomplir, et que, pour *effectuer cette tâche immense*, il doit préparer des corps et des esprits
non entraînés encore — à moins donc que l'aspirant ne puisse réussir dans cette œuvre,
mieux vaut pour lui ne pas aller plus loin que le
point qu'il a atteint : celui de la connaissance
théorique des vérités fondamentales et des faits
concernant le Sentier et les Maîtres. Lorsque
de la théorie, vous en arriverez à la pratique,
lorsque vous aurez étudié, comme vous l'auriez
fait d'une science quelconque, dans les livres
qui traitent de ces matières, vous en arriverez,
pourrait-on dire, aux expériences de labora-
toire où il vous faudra commencer à manipuler
vous-mêmes les produits chimiques, à faire les
réactions, à vous livrer à de nouvelles recherches. A cette période, ainsi que vous le savez,
l'étudiant a besoin d'un guide, d'un professeur,
d'un aide ; autrement, comme il faut qu'il se
serve de ce que la majorité du monde laisse de
côté, et qu'il ignore les conditions au milieu
desquelles il travaille, il risquerait fort de se
blesser, de s'estropier, voire même de se tuer,
du fait qu'il affronte des dangers devant lesquels recule la grande majorité de la race.

Or, la science de la Yoga comporte des pratiques et des expériences qui lui sont propres, et, par suite, des dangers. Si vous croyez à la possibilité d'une telle science : si, par l'étude, vous avez pu vous convaincre de sa réalité, il serait enfantin de reculer devant les restrictions que toute science impose à ses étudiants jusqu'au jour où ils la possèdent et la comprennent. Alors, ils pourront marcher d'eux-mêmes à leur gré, car la connaissance acquise aura justifié leur indépendance.

La discipline de la vie, je l'admets volontiers, est de nature à retenir un certain et même un nombre considérable de ceux qui disent avoir le désir de chercher, c'est-à-dire d'entrer sur le Sentier. Les gens ressentent bien davantage les restrictions imposées dans la vie journalière que celles qui sont plus impalpables et, par conséquent, plus difficiles à réaliser. Prenons, par exemple, une habitude très commune, surtout en Occident, et qui, aujourd'hui, a malheureusement gagné l'Orient, l'habitude de prendre des boissons alcoolisées. J'admets que, pour la grande majorité des hommes et des femmes du monde, qui vivent de la vie ordinaire et qui n'ont aucune tendance à tomber dans les excès que nous voyons dans la classe moins cultivée et moins intellectuelle, la consommation de vin et d'alcool ne cause pas un grand dommage, quand bien même ils conserveraient cette habitude durant toute leur vie. Quant à ceux qui pratiquent l'abstinence, sans avoir l'idée de suivre la Yoga, il est très probable qu'ils y ont été poussés par la vue des excès auxquels l'habitude de l'alcool peut conduire, et qu'ils ont compris que l'exemple est plus efficace que le précepte. Il est évident que ceux qui prennent de l'alcool ou du vin à petites doses se font tant soit peu de tort à eux-mêmes, mais étant donné qu'ils se nuisent journellement par des habitudes antihygiéniques, une de plus ou de moins n'est pas matière de vie ou de mort. Leur vie en sera peut-être abrégée, une petite porte de plus sera ouverte à la maladie, et tout se bornera là. Mais la chose est toute différente, lorsque l'on commence à mettre en pratique les instructions prescrites qui vous conduiront à la recherche du Maître, car ces instructions impliquent la *Méditation*, une méditation concentrée, définie, nécessitant des efforts intenses de pensée sur un sujet particulier, méditation destinée à développer en vous des organes encore rudimentaires aujourd'hui et qui ne peuvent se développer chez les gens ordinaires qu'au cours de la longue évolution normale ; je crois toutefois qu'un certain nombre d'entre nous commencent à évoluer dans ce sens. Or, ces organes sont dans le cerveau physique, et, d'après les déclarations récentes de quelques médecins, ils sont particulièrement sensibles aux vapeurs de l'alcool qui les intoxique et les rend incapables de fonctionner sainement. Lorsque vous commencez, d'une façon délibérée, à accélérer leur évolution en cherchant à les faire sortir de l'état rudimentaire ou semi-rudimentaire où ils se trouvent actuellement pour les amener à un état d'activité où ils deviennent le pont entre le monde physique et le monde astral — pont au moyen duquel vous provoquez certaines vibrations auxquelles le reste du cerveau ne peut normalement répondre, — ces organes qui sont littéralement les ponts de communication, se trouvant, du fait même de la médiation, susceptibles de se congestionner par suite du stimulant apporté aux petits vaisseaux qui les alimentent, vous augmentez ainsi le danger d'inflammation. Aussi est-ce folie de se livrer à la méditation si ces organes sont déjà intoxiqués, fût-ce même légèrement par l'alcool, intoxication qui ne cause guère de mal tant qu'on ne cherche pas à développer les organes, mais qui peut devenir un danger sérieux et effectif du jour où on les excite à l'activité et où on porte toute son attention sur eux pour accélérer leur développement ; d'où la nécessité d'une discipline de vie interdisant formellement, à celui qui veut pratiquer la Yoga, l'usage de tous les spiritueux.

Une autre chose exigée dans la pratique de la Yoga et qui, j'en conviens, offre plus d'inconvénients encore pour celui qui fréquente le monde, c'est *l'abstention de toute chair animale*. La viande n'empoisonne pas de la même manière que l'alcool, mais elle tend à rendre le corps plus grossier, alors que justement le but de l'étudiant de la Yoga est de posséder un corps très fort, très résistant, en même temps que très sensitif et très apte à répondre aux vibrations des mondes de matière et de vie plus subtiles. Ici, vous avez affaire avec votre système nerveux et votre cerveau, organes qu'il vous faudra modeler et dont la composition dépend de la nourriture que vous prendrez. En mettant même de côté toute question de compassion — bien que ceci ne puisse être négligé par celui qui cherche le Maître de Compassion — en n'envisageant même que les résultats physiques, sans tenir compte de la

pitié que l'on devrait avoir pour les douleurs
et les souffrances endurées par les animaux,
vous constaterez que, à moins d'avoir le système nerveux et le cerveau préparés, les vibrations de matière plus subtile qui viennent les
frapper — chose que vous voulez provoquer,
rappelez-le vous — tendront à déterminer de
graves désordres nerveux et plusieurs formes
d'hystérie.

C'est là un avertissement qu'il est de mon
devoir de vous donner. Si vous voulez être convaincus de sa justesse, reportez-vous aux mystiques et aux saints appartenant à des religions
qui ne leur ont pas imposé une stricte discipline de Vie, et vous verrez que si, d'une
part, ils ont développé une vision claire des
mondes dits invisibles, et une faculté merveilleuse de répondre aux forces émanant d'êtres
appartenant aux mondes supérieurs, ils ont,
d'autre part, provoqué, pour un grand nombre
d'entre-eux, le déséquilibre dans l'esprit et
dans le jugement, et des émotions hystériques.
Ceci est un fait si peu discuté, et si indiscuta-
ble que certains physiologistes s'en sont servis pour prouver que toute vision religieuse,
d'ordre supérieur, n'est qu'une forme d'hystérie ; que tous les grands Saints Prophètes et

Instructeurs religieux, étaient plus ou moins déséquilibrés lorsqu'ils prétendaient avoir pris contact avec les mondes invisibles. Lombroso et beaucoup de son école, ont, ainsi que vous le savez sans doute, traité amplement le sujet dans ce sens. Si donc vous voulez chercher en toute sécurité, conserver l'équilibre de votre esprit, avoir un système nerveux résistant, sensitif et sain, il vous faut accepter de payer le tribut que tous ont payé dans le passé et paient encore aujourd'hui pour pouvoir résister aux vibrations plus fortes que vous cherchez à provoquer dans le corps et, particulièrement, dans le système nerveux et dans le cerveau. En quoi consiste ce tribut ? A mener une vie toute différente de celle des hommes et des femmes du monde ordinaire, et à se construire un instrument facilement sensible aux mélodies de l'Esprit.

En suivant ces règles, vous pourrez, sans danger, faire de la Yoga, appliquer les lois de l'esprit à une évolution plus rapide et à une discipline de vie — celle-ci n'étant surtout utile qu'à ceux qui veulent pratiquer et ne se contentent pas seulement de connaître des théories.

Puis, le chercheur découvre qu'il y a certai-

nes qualités prescrites pour faire les premiers
pas sur la première partie du Sentier, celles
que les Catholiques romains appellent le *Sentier de Purification* et que les Hindous et les
Bouddhistes désignent sous le nom de Sentier
préparatoire ou *Sentier de Probation*. Ces qualités sont indiquées d'une façon si nette et si
définie, que tout homme peut commencer à
les mettre en pratique ; le fait — en dehors
d'une légère restriction dont je vous parlerai
tout à l'heure — n'implique pas nécessairement
cette Discipline de Vie que je viens d'exposer, celle-ci, sauf une exception, ne conduisant pas à une pratique définie de la méditation.

Ces qualités sont au nombre de quatre : Premièrement, *le Discernement*. Je m'étendrai
davantage sur ce sujet la semaine prochaine ;
mais, en attendant, je désire aujourd'hui vous
donner quelques indications concernant les
moyens de s'y préparer. Il vous faut apprendre
à distinguer dans tous les objets, et chez
les personnes qui vous entourent, ce qui
est permanent de ce qui est transitoire,
à distinguer, pour ainsi dire, le contenant du
contenu, ce qui est éternel de ce qui est éphémère. Telle est la première des qualités requi-

ses, et celle-ci conduit nécessairement à la seconde ; car une fois que l'on est parvenu à discerner ce qui est passager de ce qui est durable, on devient forcément indifférent aux choses susceptibles de changer, car nos yeux sont fixés sur ce que vous reconnaissez comme étant durable.

La seconde qualité est appelée *Détachement* ou absence de désir pour tout ce qui est éphémère et transitoire ; la concentration du désir étant fixée sur l'Eternel, sur ce qui Est.

La troisième vertu comprend les *Six Joyaux*, les six qualités mentales que vous devez acquérir. D'abord le *Contrôle du Mental*, afin de pouvoir le fixer sur un seul sujet donné et d'en dégager tout ce qu'il contient d'utile, et aussi afin de s'en servir comme d'un instrument pouvant aider à la construction de notre caractère ; car notre intelligence est le seul instrument, souvenez-vous en, par lequel vous pouvez vous créer et vous recréer vous-mêmes.

De même que le maillet et le ciseau permettent au sculpteur de créer, de tailler dans le marbre brut l'image qu'il a conçue dans son cerveau, de même l'homme, par la maîtrise de son intelligence, par des efforts de volonté, peut faire revivre en lui l'image parfaite du Divin qu'il cherche dans sa propre nature.

Viennent ensuite le *Contrôle de l'Action* qui découle de l'intelligence, et cette autre grande vertu, la *Tolérance*. Quiconque est bigot, qui a l'esprit étroit et qui n'est pas libéral, ne peut entrer dans le Sentier que nous cherchons. La tolérance large, s'étendant à tout, est une des qualités qui comporte beaucoup plus de choses que vous ne pourriez vous l'imaginer. L'esprit de vraie tolérance ne consiste pas à dire : « Oui, vous avez tort, mais libre à vous de continuer dans cette voie. » Ceci n'est pas de la vraie tolérance, mais plutôt de l'indifférence pour le bien d'autrui. La vraie tolérance consiste à reconnaître la présence de l'Esprit dans le cœur de chacun, de l'Esprit qui connaît, lui, le chemin qu'il doit prendre et le suit « conformément à la Parole », reconnaissant dans chacun l'Esprit qui sait, voyant dans chacun la volonté de l'Esprit qui choisit, sans jamais désirer influencer d'une manière ou d'une autre Celui qui est vraiment tolérant peut offrir ce qu'il croit avoir de la valeur, mais sans jamais vouloir l'imposer à celui qui n'est pas disposé à l'accepter ; il n'éprouvera ni vexation, ni colère, ni irritation, si celui auquel il présente ce qu'il croit être vrai ne veut pas le reconnaître comme étant une vérité. Car souvenons-nous que la vérité n'est pour quelqu'un vérité que lorsqu'elle a été perçue et saisie par celui-ci ; que nous sommes constitués de telle façon et que notre nature intime est telle, qu'une fois que nous avons reconnu la vérité, nous l'embrassons aussitôt. Ce n'est pas par des arguments, mais en reconnaissant ce qu'est l'Esprit dans l'homme, que se dévoile pour nous la vérité, car tant que nos yeux seront bandés, la vérité ne sera pour nous qu'un mensonge, et cela aussi longtemps que notre nature ne l'aura pas reconnue comme étant la vérité. Ceci est le véritable sens de la tolérance : maintenir sa façon de voir, être tout disposé à la faire partager, mais refuser toujours de vouloir l'imposer et de combattre celle d'autrui.

La quatrième vertu est l'*Endurance*, cette faculté toute-puissante qui permet de tout supporter sans fléchir, de surmonter tous les obstacles en recherchant la vérité, qui ne recule devant aucune difficulté ni aucun péril, qui ne connaît aucun découragement, aucun désespoir, mais qui est certain que la vérité se trou-

vera, résolue qu'elle est à la trouver. Chaque
obstacle la rend plus forte, chaque lutte à soutenir assouplit ses muscles, chaque échec l'incite à se relever et à faire de nouveaux efforts
pour remporter la victoire. Il est donc indispensable à l'homme qui veut suivre la partie
supérieure du Sentier, d'avoir l'endurance.

Alors vient la *Foi*, foi dans le Dieu qui est
en nous, foi dans le Dieu manifesté, dans le
Maître, foi dans la Vie Une dont nous sommes
tous des manifestations, cette foi absolue, iné-
branlable, qui rendra désormais le doute impossible.

Suit l'*Equilibre*. Le *Chant Céleste* dit : « L'é-
quilibre s'appelle Yoga » — ce qui veut dire
absence d'excitation, absence de passion —
transmutation de l'excitation et de la passion
en volonté qui conduit sans défaillance vers le
but ; le pouvoir de rester serein quand tout ce
qui vous entoure est troublé ; le pouvoir de
rester debout, seul, quand tous les autres ont
fui et vous ont abandonné. Cet équilibre parfait est le dernier des six joyaux du mental.

Enfin, la quatrième qualité à acquérir est
le désir d'être libre, la volonté d'être libre pour
pouvoir être utile et servir les autres.

Il n'est pas indispensable que ces qualités

aient été complètement développées avant que
vous rencontriez le Maitre, cela rendrait la recherche presque impossible. Ce qui est nécessaire, c'est de tendre à acquérir ces qualités
et d'essayer de les faire entrer dans la construction de votre caractère. Vous construirez
beaucoup mieux lorsque vous saurez ce que
vous voulez. Vos études seront bien plus effi-
caces lorsque les sujets que vous voulez examiner seront devant vous. Et c'est pourquoi les
Maitres ont indiqué à ceux qui veulent les
suivre et devenir leurs disciples, les qualités
que ceux-ci doivent s'efforcer de développer.
Dès l'instant où nous connaîtrons ces qualités,
nous pourrons nous mettre à l'œuvre pour les
acquérir, et il ne faudra qu'un développement
restreint de chacune d'elles pour que votre recherche vous mène au but.

Mais me direz-vous : « Comment commencer, comment travailler pour acquérir ces qualités ? » Non pas par ce vague désir de devenir
meilleurs que vous ne l'êtes, ce qui semble
être tout ce que certaines personnes parais-
sent savoir de cette volonté immortelle, invincible, qui les forcera un jour ou l'autre à entrer sur le Sentier. Le meilleur moyen, c'est
la *Méditation*, puis conformer sa vie aux résul-

tats de ses méditations. Il n'est vraiment pas
d'autres vrais moyens, car méditer, c'est con-
centrer sa pensée, et la concentration de pensée, ainsi que je vous l'ai dit, est le seul instrument qui puisse vous servir pour transformer votre caractère. Pour que cette méditation puisse être pratiquée sans danger, il est
nécessaire d'adopter la Discipline dont j'ai
parlé plus haut. Méditer, c'est s'abstraire,
pour un temps du monde extérieur, pas pour
longtemps tout d'abord, — cinq ou dix minutes le matin — c'est assez pour commencer, cet
effort exerçant une pression sur le cerveau ; si
vous méditez bien, vous sentirez venir la fati-
gue avant que les dix minutes se soient écoulées. Pendant ce temps, vous vous retirez du
monde extérieur, vous le chassez loin de vous
en construisant, pour ainsi dire, autour de
vous, un mur que les pensées, les espérances,
les craintes du monde extérieur ne pourront
percer. Vous rentrez en vous-mêmes dans le
Saint des Saints qui est au plus profond de
vous-mêmes et là, vous vous placez dans le
silence, à l'intérieur de cette enceinte, pour
écouter la voix du Soi, en attendant la venue
de l'homme supérieur qui entre dans son
royaume. Puis, une fois le mur construit et

que vous vous êtes séparés du monde extérieur, vous dirigez votre pensée — toujours
prête à vagabonder et à vous distraire — et
vous la fixez sur une seule idée ; prenez, si
vous voulez, la première des qualités requises
qui est peut-être la plus difficile à acquérir :
le *discernement* ; pensez d'abord à tout ce que
ce mot comporte ; pensez à vous-mêmes et à
tout ce qui change en vous et n'est pas permanent : votre corps, vos émotions, vos pensées.
Toutes ces choses appartenant au domaine
de l'irréel, essayez par la pensée de les écarter,
l'une après l'autre d'abord, puis séparez-vous
de votre corps lui-même ; faites abstraction de
l'un de vos sens, celui de la vue, par exemple,
et essayez de vous faire une idée de ce que
serait le monde si ce sens n'existait pas, ou tout
autre sens qu'il vous plaira de choisir afin de
vous forcer à vous rendre compte que vos sens
ne sont pas « vous ». Si vous sentez une émotion, repoussez-la, refusant de vibrer avec
elle, et vous constaterez que ces émotions si
changeantes ne sont pas « vous » ; chassez
aussi les pensées errantes qui changent avec
chaque respiration que vous émettez, et, grâce
à ce procédé, vous constaterez que toute cette
fantasmagorie de pensées n'est pas « vous ».

Après avoir ainsi repoussé toutes ces sensa-
tions l'une après l'autre, et que rien ne semble
plus demeurer, vous finirez par vous apercevoir que tout change et vous chercherez ce qui
est réel et immuable. Mais, dans ce vide que
vous avez fait, dans ce vide d'où a disparu
tout ce qui est irréel, tout ce qui change, et
qui, pour le moment, vous cause un sentiment
de déception, vous finirez par voir la première lueur de la conscience supérieure, immortelle, immuable, éternelle, de la Volonté
dont vos désirs changeants ne sont que des re-
flets, la première lueur de la sagesse et l'activité dont vos pensées et vos actions ne sont
que des images projetées dans le monde inférieur. Vous sentirez que, en dehors de ces
images changeantes, vous êtes la Volonté, la
Sagesse et l'Activité ; de même que le Soleil
dans le ciel ne change pas, mais est reflété
comme des milliers de soleils dans les étangs,
les lacs, les rivières et les mers, de même vous
reconnaîtrez le Soleil de l'Esprit qui est en
vous par les réflexions fragmentaires que vous
trouverez dans votre moi inférieur. Grâce à la
méditation, vous acquerrez la connaissance
que vous êtes éternels et que les choses tran-

sitoires ne sont que les images fragmentaires
de votre Soi réel.

Une fois sortis de votre silencieuse méditation, sortis de cette grande réalisation, allez de
nouveau dans votre monde extérieur d'images
fragmentaires, et essayez de vivre dans l'Eternel tout en remplissant les devoirs qui vous
incombent. Vous savez que vous n'avez dans
ce monde que des réfléchissements, mais des
réfléchissements d'une importance vitale qui
vous aideront à construire votre caractère et à
venir en aide à votre prochain. Vous savez
qu'il y a quelque chose au delà de tout ce que
vous voyez, et que ce quelque chose est
en vous, et volontairement vous rentrez dans
le monde des hommes pour leur apporter ce
que vous avez trouvé dans le silence du sanctuaire que vous avez découvert en vous-mêmes ; mettez en pratique ce que vous avez
trouvé dans ce sanctuaire et vous vivrez conformément à la lumière que vous y avez reçue. Aimez avec cet amour qui surgit de l'a-
mour même du réel, et devenez un vrai tra-
vailleur dans le monde des hommes. Il est
dit encore que « la Yoga se développe par
l'activité », car, seul, l'homme qui connaît les
choses supérieures peut maîtriser les inférieu-

res ; seul, l'homme qui est sans désirs peut voir le meilleur travail à accomplir pour aider ses frères ; seul, l'homme qui possède une volonté immuable reste insensible aux désirs passagers que suscite sans cesse sa nature inférieure.

Passant chaque jour de la méditation au travail, ayant perçu la lumière et l'apportant au monde, ayant acquis la connaissance pour s'en servir parmi les hommes, passant de la réalisation de cette véritable activité à l'accomplissement des actes, tels qu'ils doivent être, c'est ainsi qu'à l'homme qui cherche et qui désire trouver, le Maître offre les services qu'il est capable de rendre pour pouvoir le servir mieux. Aussi, après cette longue et persévérante recherche, il voit apparaître dans sa demi-obscurité la Lumière qui est réelle ; il est arrivé au point où le Maître va le trouver, où véritablement ses pieds seront placés sur le Sentier de Probation, pour lequel il s'est préparé pendant cette longue recherche.

Et, ainsi, nous laissons notre aspirant frappant à la porte, cherchant son Maître, il sait que la porte va bientôt tourner sur ses gonds et que, sur le seuil, le Maître sera trouvé.

III

La rencontre du Maître

Nous avons, la semaine dernière, laissé l'aspirant au seuil de la porte qui doit le mettre en la présence du Maître. Il a « servi » dans le monde extérieur, il a appris théoriquement l'existence du Sentier et des Maîtres ; il a acquis une certaine connaissance des grandes lois de la vie humaine et de l'évolution humaine. Il s'est éveillé au désir de se prendre définitivement en mains, de se servir des grandes lois de la nature pour accélérer son évolution afin de pouvoir être plus utile au monde. Je vous ai indiqué rapidement le nom des qualités qui sont imposées avant d'arriver à l'Initiation, non pas que ces qualités doivent nécessairement être développées dans toute leur perfection, ni que l'homme puisse les pratiquer sans défaillance dans le plein épanouissement de leur beauté, mais qu'il doit, tout au moins, avoir fait quelques progrès et s'être ef-

5

forcé de les faire entrer dans son caractère ; il doit avoir conformé sa conduite aux idées fondamentales de la vie droite — la vie droite telle qu'elle est indiquée par les Maîtres de Sagesse et qui est nécessaire aux candidats au Sentier. Je vous ai parlé aussi de la méditation comme étant le moyen par lequel l'homme peut se recréer lui-même, premièrement en pensant à un idéal et ensuite en le vivant. Je dois vous demander de vous rappeler les paroles qui ont terminé ma dernière conférence, car, dans le temps trop court dont je dispose, j'ai à traiter un sujet si vaste que je n'ai pas le loisir de me répéter.

***

J'arrive donc directement au moment où l'aspirant va rencontrer son Maître et où il va mettre en pratique, dans sa vie active, les qualités requises par le Maître. Ici, vous ne serez peut-être pas tout à fait d'accord avec la façon de penser des occultistes ; vous trouverez sans doute que l'on attache trop d'importance à certains points qui peuvent vous paraître futiles et pas assez à d'autres que vous regardez comme essentiels à la bonne conduite.

Mais, je dois vous faire remarquer qu'ici nous ne sommes plus dans le domaine des opinions, mais dans le domaine des faits. Le disciple ne peut pas choisir les qualités qui lui sont demandées ; il lui faut les mettre en pratique ; s'il conteste leur choix et leur nécessité, il n'est nullement forcé d'entrer dans le Sentier dont elles sont le stade préparatoire. Mais s'il veut suivre ce Sentier, dont les Maîtres de Sagesse sont les Gardiens, il doit accepter les conditions qu'Ils ont posées, et s'efforcer de se conformer aux lois qui, de temps immémorial, ont régi la vie du disciple.

Or, quand l'aspirant s'est distingué suffisamment par des services rendus, qu'il a acquis et admis les vues théoriques que nous avons esquissées dans « La Recherche du Maître », il trouve son Maître, ou, plutôt, son Maître le trouve. En effet, pendant tout le temps qu'ont duré ses efforts vers le progrès, les yeux bienveillants du Maître n'ont cessé de l'observer ; au cours de nombreuses vies antérieures, il a été attiré par cette même influence qui est devenue maintenant l'influence prédominante de sa vie. Il a atteint le point où le Maître peut se révéler à lui, peut le mettre définitivement sur le Sentier de Probation, et peut l'aider à se préparer à l'Initiation. C'est la première étape, celle où un Maître particulier prend, sous sa direction, tel ou tel aspirant, afin de le préparer à l'Initiation ; car n'oubliez pas que l'Initiation est un fait absolument défini, et que seuls, Ceux qui l'ont déjà atteinte peuvent aider les autres à entrer sur le Sentier qu'ils ont Eux-mêmes parcouru.

Le moment est dès lors venu de former définitivement le lien vraiment insoluble, le lien distinct et individuel qui reliera, pour toujours et pour toutes les vies futures, Celui qui est au sommet du Sentier à celui qui n'y a pas encore fait ses premiers pas, lien qui dure de vie en vie et que ne peuvent rompre ni la mort, ni les chutes, ni les inconséquences, car il résiste à tout effort fait en vue de le briser. Il est possible que l'homme n'avance que lentement vers le but qu'il s'est proposé, mais il ne pourra jamais entièrement se détacher, ni échouer complètement. Le lien est là, noué et attaché par le Maître, et il n'y a, dans cet univers, aucun pouvoir capable de briser ce qu'un Maître a fait. Le Maître fait venir en sa présence l'aspirant, non dans son corps physique naturellement, car, le plus souvent, les Maîtres vivent en des lieux retirés et diffi-

ciles à atteindre. Mais, bien longtemps avant
ce moment, l'homme a appris, alors que son
corps était plongé dans le sommeil, à travailler d'une façon active dans le monde invisible
aux yeux de chair, et dans un corps que l'on
appelle le corps astral qui, ainsi que vous devez vous le rappeler, est le plus inférieur des
corps invisibles supérieurs au corps physique
et dans lesquels l'homme est présent tout entier, esprit et âme incorporés dans un corps
plus subtil. C'est revêtu de ce corps qu'il est
appelé en la présence physique du Maître,
qu'il se trouve face à face avec Lui et qu'il
écoute Ses paroles. C'est alors que le Maître
place l'aspirant en « Probation », ce qui coïn-
cide avec la formation du lien dont j'ai parlé ;
l'aspirant est alors renvoyé dans le monde
extérieur où il sera tenu en observation afin
de voir comment il se conduira, comment il
supportera les épreuves, s'il fera preuve de
force morale ou de faiblesse, et de juger aussi
de la force de résistance qu'il possède pour
travailler le plus rapidement possible à épui-
ser le mauvais Karma qui peut encore exister.
L'aspirant retourne donc dans le monde
comme disciple en probation ; il sent qu'une
nouvelle force est derrière lui, qu'une nou-

velle puissance le soutient ; il sait, bien qu'il
n'ait gardé aucun souvenir de cet évènement,
qu'il s'est passé pour lui quelque chose de
très important sur les plans supérieurs de sa
conscience, car la force de son Maître est en
lui, la bénédiction du Maître est sur lui, la
Main du Maître est étendue pour le bénir, et
ainsi, il s'en va en probation dans le monde
des hommes.

Rapidement ou lentement, selon que cette
probation est reçue noblement ou non, de
nouveaux appels lui sont adressés, quand le
Maître s'aperçoit qu'il a développé à un haut
degré les qualités qui sont nécessaires et qu'il
a besoin d'instructions plus complètes qui lui
permettront d'appliquer cette connaissance
plus effectivement dans sa vie ; de nouveau,
il est appelé, de nouveau il voit son Maître.
C'est alors que le Maître l'accepte comme disciple, non plus en probation, mais comme
disciple accepté et approuvé ; désormais sa
conscience doit commencer à s'unir avec la
conscience de son Maître ; il doit sentir sa
présence plus nettement et sa pensée plus effectivement.

C'est souvent à ce stade que le jeune disciple reçoit des instructions spéciales et particu-

lièrement lumineuses qui l'aideront à parcourir plus rapidement le Sentier. Vous pouvez, si vous le désirez, lire ces enseignements dans le petit livre que voici, qui a pour titre « *Aux Pieds du Maître* », livre dans lequel un jeune disciple, sous la direction de son Maître, a noté, de son mieux, jour après jour, à chacun de ses retours dans son corps physique, ce que son Maître lui avait appris sur la façon d'appliquer, dans la vie, les qualités requises, et de comprendre entièrement leur signification. Autant que je sache, c'est la première fois qu'une personne est autorisée à noter textuellement des instructions reçues sur le plan de conscience supérieure, concernant ces qualités. Je n'entends pas dire que rien jusqu'ici n'ait été donné au monde par les grands Instructeurs, mais ce qu'il y a de particulier dans ce cas, c'est que ces Qualités sont traitées les unes après les autres, avec la manière exacte de les appliquer dans la vie. Voici, ce que dit celui qui a noté ces enseignements : « Ces paroles ne sont pas les miennes ; ce sont celles du Maître qui m'instruisit. Sans Lui, je n'aurais rien pu faire, mais avec son aide, j'ai pu poser mes pieds sur le Sentier. Toi aussi, tu veux entrer dans ce même Sentier, et les pa-

roles qu'il m'adressa te seront également utiles, si tu leur obéis. Ce n'est pas assez
de dire qu'elles sont belles et vraies : l'homme
qui souhaite de réussir doit faire exactement
ce qu'elles disent. Il ne suffit pas à un affamé
de regarder un aliment en disant qu'il est bon ;
il lui faut étendre la main, prendre et man-
ger. De même aussi, il ne suffit pas d'écouter
les paroles du Maître, il faut faire ce qu'Il
dit, être attentif au moindre mot, au moindre
signe. »

Ce que je vais vous dire des qualités nécessaires au disciple est emprunté à ce petit livre qui est l'enseignement direct de l'un
des Maîtres de Sagesse et de Compassion.
Je ne puis naturellement vous donner tout ce
qui y est dit, car cela dépasserait de beaucoup
le temps dont je dispose, mais l'aperçu que
je me propose de vous en donner est tiré de cet
enseignement spécial, lequel — laissez-moi
vous le rappeler — peut se trouver — bien que
sous une autre forme qui ne comporte pas l'application détaillée que nous avons ici — dans
les Ecritures Hindoues et Bouddhistes qui ont
décrit pour nous le Sentier de probation aussi
bien que le Sentier lui-même. Leurs noms y
sont donnés, et l'esquisse de ces qualités était

depuis longtemps entre nos mains. C'est donc l'application spéciale qui peut aider ceux d'entre vous qui connaissent les noms, mais qui ont souvent demandé comment elles peuvent être appliquées dans la vie. C'est cette application que je vais essayer de vous indiquer aujourd'hui, mes paroles seront naturellement bien pâles à côté des paroles mêmes du grand Maître. Comment des lèvres, ayant encore le goût de la terre, pourraient-elles proférer nettement ces grandes vérités spirituelles tombées des lèvres pures d'un Maître de Sagesse ?

★_★★

La première qualité que doit développer le disciple, ainsi que je vous l'ai dit la semaine dernière, c'est celle du *Discernement ;* les Bouddhistes l'appellent « l'ouverture des portes de l'Esprit », expression saisissante et significative. Je vous ai parlé aussi de la méditation et des moyens à appliquer pour trouver en soi la conscience supérieure qui est le vrai « Moi ». Or, comment appliquerons-nous dans la vie pratique ce que nous avons appris dans la méditation ? En méditant sur une qualité

donnée et en cherchant ensuite à la vivre, tel
est le moyen pratique de faire des progrès
déterminés.

Or, le Maître divise la race humaine tout
entière en deux grandes classes bien nettes et
bien distinctes l'une de l'autre. Il dit que, dans
le monde, il n'y a que deux classes d'hommes :
ceux qui ont la connaissance et ceux qui ne
l'ont pas. La seconde classe, naturellement,
embrasse, quant à présent la grande majorité
de l'humanité ; car, ainsi que le déclare un autre Instructeur : « Bien peu sont ceux qui en-
trent dans l'étroit Sentier. » La connaissance,
telle que le Maître la définit, est la connaissance
de la Volonté Divine dans l'évolution, et l'effort
fait pour coopérer avec cette Volonté aura pour
résultat d'aider effectivement à avancer le jour
où cette Volonté sera accomplie sur la terre
comme elle l'est déjà sur les mondes supérieurs. Savoir que le monde est guidé vers
une évolution plus haute et plus noble ; savoir que tout fils de l'homme, jeune ou vieux,
apathique ou vif dans ses progrès, marche
en avant sous l'impulsion du Plan Divin et
qu'il peut être aidé ou entravé dans sa marche ;
reconnaître ce Plan Divin, et essayer de vivre
conformément à ses lois ; faire en sorte que sa

propre volonté participe de la Volonté divine, seule manière de vouloir qui soit réelle, ceci est la caractéristique de ceux qui savent. Ceux qui ne le savent pas sont des ignorants.

En portant maintenant notre attention sur la mise en pratique de cette connaissance, on nous dit comment le discernement peut s'exercer dans la vie, non seulement celui qui consiste à distinguer le réel de l'irréel, mais encore entre toutes les choses dans lesquelles entre plus ou moins de réel, et aussi celles dans lesquelles des marques essentielles du réel peuvent être perçues. Il nous faut d'abord reconnaître que la *forme* est irréelle, tandis que la *vie* est réelle. Ainsi, pour prendre un exemple, peu importe à l'Occultiste la religion à laquelle un homme appartient ; peu lui importe qu'il soit Hindou ou Bouddhiste, Chrétien ou Israélite ; Zoroastrien ou Mahométan ; toutes ces religions ne sont que des formes non essentielles ; ce qui importe c'est la façon dont il pratique sa religion et jusqu'où l'esprit de sa religion agit sur sa pensée et sur sa vie. Ainsi donc, en discernant ce qu'il y a de réel et d'irréel dans une religion, il nous faut mettre de côté la question des formes, tout en admettant entièrement que toutes ont leur valeur, pour ceux qui en ont besoin — elles sont les jalons qui guident l'homme sur le chemin de la vie — mais sachant qu'elles indiquent toutes une seule route : celle qui mène l'homme à la Perfection. Il n'y a pas une de ces formes contre laquelle l'Occultiste puisse s'élever, pas une qu'il puisse mépriser bien qu'il les ait lui-même dépassées ; mais il faut qu'il se rende compte que, si ces formes sont multiples, la Sagesse est une, et que cette Sagesse est la nourriture de l'âme, alors que les formes servent à l'entraînement du corps.

Le disciple doit apprendre aussi à discerner entre la vérité et le mensonge non pas à la manière du monde, mais à la manière de l'Occultiste. L'homme qui entraîne constamment sa pensée vers ce qui est vrai, en évitant avec soin tout ce qui lui paraît mensonger, ne doit jamais attribuer à un autre homme un motif vil, se cachant derrière l'action ; il ne peut voir ce motif, il n'a donc pas le droit de juger ce qu'il ne peut connaître ; en agissant ainsi il transgresse la loi de vérité, ainsi que le Maître l'a déclaré maintes et maintes fois. Si un homme vous parle d'un ton irrité, il ne faut pas croire de suite qu'il a eu l'intention de vous blesser ou de vous mortifier, car chaque âme a ses

soucis, ses préoccupations, et il est possible
qu'avant de vous rencontrer, cet homme ait
éprouvé une contrariété, un chagrin que vous
ignorez, et que, de ce fait même, ses nerfs étant
surexcités, il ait été amené à vous parler dure-
ment. N'attribuez donc jamais à autrui un
motif condamnable lorsque vous ignorez ce
dernier, car, je le répète, vous transgressez
ainsi la loi occulte de la vérité, et vous vous
exposez, de ce chef, à être condamné comme
faux témoin devant le tribunal du grand Instructeur.

Il faut aussi apprendre non seulement à discerner le bien du mal, car, pour l'Occultiste,
il n'y a pas de choix entre les deux ; il lui
faut accomplir le bien, et cela à n'importe
quel prix et quel que soit le sacrifice. Il ne
peut, comme le font tant d'autres, hésiter
entre la voie qui est une avec la Volonté divine et celle qui va à l'encontre de cette Volonté, car, en progressant sur le Sentier, il
doit toujours se souvenir, lorsqu'il s'agit des
problèmes du bien et du mal, qu'il n'y a pas
d'excuse pour l'Occultiste qui s'écarte de la
loi du bien, il doit suivre cette loi d'une façon
plus rigoureuse, plus rigide, plus parfaite, que
les hommes qui vivent dans le monde exté-

rieur. Faire le bien, doit faire partie de sa nature même, aussi ne peut-il être question, pour lui, de chosir la voie du mal quand il a perçu celle du bien. Je ne prétends pas que l'Occultiste ne commettra jamais d'erreur, que son jugement sera toujours judicieux, mais je prétends qu'il devra toujours se ranger du côté où il voit la vérité, sous peine de devenir complètement aveugle, et, par suite, de trébucher et de tomber sur le Sentier. Non seulement l'aspirant doit distinguer ce qui est bien de ce qui est mal, mais encore ce qui est plus ou moins important dans la voie du bien qu'il poursuit. Une question se présente quelquefois au sujet de l'importance relative des faits. Chaque fois que cette question se présente, il doit se souvenir que se soumettre à la Volonté divine, se laisser guider par son Maître, est la seule chose importante dans la vie. Toute autre chose doit passer après cela ; tout le reste doit être brisé au bénéfice de cette volonté qui vous indique, sur le Sentier, le devoir le plus important, et, en remplissant ce devoir, on rend à l'humanité le plus grand service qui soit en notre pouvoir de lui rendre.

*
* *

Sachant ainsi discerner l'essentiel de ce qui
ne l'est pas, le disciple, tout en étant intransi-
geant pour les choses importantes, s'efforcera
d'être aimable et conciliant dans les choses non
essentielles. Cela n'est pas toujours facile. Pour
ma part, je me rappelle la difficulté que j'ai
eue à vaincre les instincts dominateurs que
j'ai rapportés de mes vies passées, vies ora-
geuses et remplies de luttes de toutes sortes.
J'y suis arrivée pourtant, en faisant, de propos délibéré, pendant un an ou deux, tout ce
qu'on me demandait, même les choses les
plus futiles, sauf, naturellement, quand elles
étaient contraires au bien. J'exagérai même
cette pratique dans le but de corriger rapidement ce défaut inné. Et c'est ainsi que je per-
dis un temps considérable, pourrait-on dire, à
faire une masse de choses puériles que l'on
me demandait, comme par exemple, d'aller
faire une promenade quand j'aurais de beaucoup préféré rester chez moi et lire un livre,
cédant sur tout ce qui n'avait pas d'impor-

tance afin de pouvoir avancer vers le but sans jamais m'en détourner.

Je ne puis que recommander ce procédé à ceux d'entre vous dont la nature est naturellement impérieuse et volontaire ; car, pour le balancier dont le mouvement s'incline plus d'un côté que de l'autre, il est mieux d'exagérer le mouvement dans le sens contraire si l'on veut rétablir l'équilibre, moyen d'or, que les Grecs disaient être une vertu. Si vous disposez de peu de temps et que vous ayez beaucoup à faire, ne craignez pas d'exagérer les moyens qui vous aideront à conquérir les vertus et à déraciner vos défauts.

Il vous faut encore apprendre à discerner entre le devoir qui consiste à aider et le désir de dominer. Nombreux sont ceux qui se trouvent toujours prêts à intervenir dans les opinions et les actes d'autrui, à vouloir sauver l'âme de leurs voisins au lieu de s'occuper de leur propre salut. En thèse générale, vous pouvez offrir votre aide, mais vous ne devez jamais essayer d'exercer une pression sur un autre, sauf lorsqu'il s'agit de ceux qui ont été placés entre nos mains pour être guidés ; dans ce cas, notre devoir est d'exercer un contrôle sur leur conduite.

Le Maître a déclaré que le discernement doit s'exercer dans toutes ces questions afin que cette première grande Qualité devienne, chez le disciple, comme une seconde nature.

La seconde Qualité consiste à n'avoir ni désirs, ni passions. Ceci est très facile tant qu'il ne s'agit que de passions et de désirs grossiers, puisque ce sont là des choses dont l'aspirant-disciple a reconnu l'irréalité et la nature éphémère ; elles n'ont donc plus d'attrait ni le pouvoir de retenir celui qui marche sur le sentier de perfection.

Ainsi que le dit un passage d'une des vieilles Ecritures Hindoues : « Le désir pour les objets des sens disparaît quand une fois on a perçu le Suprême » ; quand une fois les yeux se sont posés sur la beauté et la perfection merveilleuses d'un Maître, que la radieuse clarté de sa nature est venue frapper nos yeux éblouis, un seul désir demeure : celui de grandir à sa ressemblance et de devenir, dans une faible mesure, Son image, Son messager parmi les hommes.

Mais il y a des désirs plus subtils qui peuvent surgir sous les pieds du voyageur imprévoyant. Il y a le désir de voir les résultats de son propre travail. Nous travaillons avec tout

notre cœur et toutes nos forces, proje-
tant d'aider et d'élever les hommes. Pourrez-
vous, sans un serrement de cœur, voir crouler
dans la poussière tous vos projets, et les murs
que vous aviez contruits comme abris, tomber en ruines à vos pieds ? Si vous ne le pouvez pas, c'est que vous travaillez pour les résultats et non par amour pur de l'humanité ;
si malgré vos bonnes intentions, la construction a été défectueuse, le grand Plan divin la
démolit, et c'est juste, mais les matériaux qui
ont servi à l'édifier ne sont pas perdus pour
cela. Toute force qui a été dépensée dans votre
travail, toute aspiration qui y est incarnée,
tout effort dépensé, tout cela servira à construire un nouvel édifice plus grand et plus
conforme au Plan du grand Architecte de l'u-
nivers. Ainsi nous apprenons à travailler sans
attendre de récompense, avec la certitude que
tout ce que nous aurons fait de bon subsistera,
mais résignés à accepter que ce qui est mauvais sera détruit.

Le disciple est parfois tourmenté par le désir
de posséder des pouvoirs psychiques. « Oh !
dit-il, comme je serais plus utile si j'avais la
clairvoyance, comme je pourrais aider plus
efficacement si je pouvais me souvenir de ce

que j'ai fait en dehors de mon corps physique ! » Quel est le meilleur juge en la matière ? Le disciple ou le Maître ? Si le Maître juge que vous pouvez aider plus utilement en possédant les pouvoirs psychiques, il ouvrira pour vous le chemin et vous dira comment vous pouvez les acquérir. Il arrive cependant que le travail est mieux fait si on ne les possède pas, quand il s'agit d'un travail spécial que le Maître désire voir son disciple accomplir à un moment donné. Laissez au Maître le soin de choisir le moment opportun où ces pouvoirs devront s'épanouir ; ils sont les fleurs de la nature spirituelle et ils arriveront à leur complète maturité quand le grand Jardinier jugera que le moment de leur épanouissement est venu.

Non seulement nous désirons des résultats, non seulement nous désirons les pouvoirs psychiques, mais nous sommes assaillis par un désir, plus subtil encore, celui d'être considérés, de briller, de parler, de montrer nos connaissances partout où nous en trouvons l'occasion. A ce désir-là, il nous faut aussi renoncer, nous dit le Maître, car le silence est la marque caractéristique du véritable Occultiste. Celui-ci ne parle que s'il a quelque chose de vrai, d'utile, de bon à dire ; autrement il sait que la parole n'est qu'un leurre et un piège. La moitié du mal dans le monde est causé par des paroles inutiles. Ce n'est pas sans connaissance de cause que le Christ a dit : « Or, je vous le dis, les hommes rendront compte, au jour du jugement, de toutes les paroles vaines qu'ils ont dites. » Le Christ a mis en garde ses disciples, non pas seulement contre les paroles nuisibles, méchantes, mais surtout contre les paroles *vaines*. « Savoir, vouloir, oser, se taire », telle est la caractéristique de l'Occultiste. Il faut donc aussi déraciner tous ces désirs subtils, les jeter au rebut, jusqu'à ce qu'une seule chose demeure, la volonté : la volonté ferme et déterminée de servir, mais de servir en conformité avec le Plan divin. C'est ainsi que l'absence de tous désirs est obtenue, ce que les Bouddhistes appellent avec raison « la préparation à l'action ».

Viennent ensuite les six joyaux dont je vous ai parlé la semaine dernière : le *Contrôle du Mental* qui préserve notre intelligence de tout ce qui est mauvais et l'utilise pour tout ce qui est bien.

Ce contrôle du Mental est nécessaire sur le

Sentier, car nous devons façonner notre mental de telle sorte qu'il ne puisse en aucune façon être ébranlé ni troublé par aucune chose venant du monde extérieur tels : pertes d'amis, perte de fortune, injures, calomnie, tout ce qui est une cause de trouble dans le monde. « Tout cela, dit le Maître, n'a aucune importance ». Mais combien peu nombreux sont ceux qui reconnaissent cette grande vérité ! Et pourtant, ces malheurs, ainsi que le monde se plaît à les appeler, ne sont que les fruits des pensées, des désirs, des actions de vos vies antérieures, le Karma du passé qui s'épuise dans l'action du présent. Il n'y a rien là qui puisse vous troubler, au contraire, cela doit vous encourager, car vous avez là une preuve que le mauvais Karma généré dans le passé s'épuise et que, de ce fait même, vous serez plus aptes à coopérer à l'œuvre du Maître. Efforcez-vous donc de maîtriser votre mental, de ne penser aucun mal, de façon à supporter joyeusement les épreuves, à rester gais, contents et calmes.

Vous n'avez pas le droit d'être déprimés : une telle attitude répand dans votre entourage un voile de tristesse qui fait souffrir les autres, alors que votre devoir est de répandre la joie dans le monde et non de contribuer à sa misère. Si vous êtes déprimés, le Maître ne peut se servir de vous pour canaliser sa vie en vue d'aider vos frères. La dépression est comme un barrage établi dans un cours d'eau pour empêcher les eaux de s'écouler librement. Et il faut bien se garder d'élever des obstacles sur le chemin où la vie du Maître se déverse à travers le disciple, car c'est empêcher sa bénédiction de venir réconforter le cœur des hommes. Soyez donc maîtres de vos pensées et, par suite de vos actions, soyez bons, affectueux autant que vous le pourrez.

Ensuite, il vous faut acquérir la *Tolérance* cette grande vertu si rare parmi nous. Le Maître recommande d'étudier les différentes religions afin de pouvoir être utile, en toute connaissance de cause, à ceux qui les pratiquent. Et cependant, le jugement du monde est sévère à cet égard ; loin d'approuver cette recommandation, il la condamne. Que de fois il m'est arrivé d'entendre cette critique portée contre moi : « Mme Besant parle comme une Hindoue quand elle est dans l'Inde, et en Chrétienne lorsqu'elle est en Angleterre. » Oui, certainement. Comment pourrait-elle parler autrement ? Parler d'Hindouisme à des

Chrétiens ! Mais alors, en quoi pourrait-elle les aider ? Parler Christianisme aux Hindous et aux Bouddhistes ! Mais ceci ne ferait que voiler à leurs yeux les grandes vérités. Notre devoir est d'apprendre afin de pouvoir aider, car l'on ne peut toucher le cœur des hommes que par la sympathie, en se plaçant à leur propre point de vue au lieu de s'en tenir obstinément au sien propre. Telle est la caractéristique principale de celui qui est réellement tolérant : il peut voir les choses du point de vue d'un autre et parler de ce point de vue pour l'aider.

Puis, il vous faut apprendre l'*Endurance*, afin d'être en état de supporter les épreuves dont je vous ai parlé, épreuves qui vont pleuvoir sur vous pour que s'épuise plus rapidement le Karma de votre passé dans un bref espace de temps et que vous soyez à même de mieux « servir ». Acceptez vos épreuves comme une faveur et non comme un châtiment, comme une preuve que les Seigneurs du Karma ont entendu votre appel pour un progrès plus rapide et qu'ils y répondent. Supportez les épreuves avec sérénité et non avec un visage triste et mécontent ; que votre attitude soit celle du martyr dont on a dit qu'il souriait au milieu des flammes et qui disait que le bûcher était comme un chariot de flammes qui le portait vers son Seigneur.

Il vous faut apprendre ensuite que l'*Unité de direction vers le but*, ou *l'Equilibre*, ainsi que l'appellent les Hindous et les Bouddhistes est nécessaire pour accomplir le travail du Maître. Il vous faut un tel équilibre pour que rien ne puisse vous détourner de ce travail. De même que l'aiguille de la boussole se dirige sans cesse vers le pôle et y revient lorsqu'elle en a été détournée, de même faites converger toutes vos pensées, fixez votre volonté et votre attention vers le but que poursuit la Volonté divine, c'est-à-dire cette perfection humaine que vous vous efforcez d'atteindre.

Le dernier des six joyaux est la *Foi*, ou confiance en votre Instructeur et confiance en vous-mêmes. Mais, dit le Maître, l'homme répondra peut-être : « Avoir confiance en moi-même ? Je me connais trop bien pour qu'il en soit ainsi. » Mais le Maître de répondre à son tour : « Détrompez-vous ; vous ne vous connaissez pas, vous ne connaissez que vos enveloppes extérieures qui vous dissimulent la force qui est en vous, la force du Soi invincible, indestructible ». C'est ainsi que les six joyaux du mental sont graduellement taillés dans le caractère et qu'ils le seront de plus en plus parfaitement, mais on reconnaîtra toujours leur forme dans le caractère.

Reste la dernière des grandes vertus requises, la plus ardue, celle qui provoquera le plus d'opposition dans l'esprit de la majorité. Les Hindous et les Bouddhistes l'appellent le *Désir de la libération ;* le Maître l'appelle l'Union avec le Suprême, parce que le Suprême étant Amour, Il l'apporte aux hommes pour le vivre parmi eux. Il se préoccupe de cette grande vertu de l'amour, cet amour qui est l'accomplissement de la loi. Il condamne trois vices comme crimes contre l'amour, qui devront être radicalement rejetés par le disciple. Ce sont la médisance, la cruauté et la superstition. Et il explique pourquoi il en est ainsi. Il prend d'abord la médisance et montre comment en pensant mal d'une autre personne, on commet une triple faute contre l'humanité. D'abord, vous peuplez votre ambiance de mauvaises et non de bonnes pensées, et le Maître dit pathétiquement : Ainsi vous ajoutez à la souffrance du monde ; puis si le mal que vous pensez de la faiblesse d'un autre est réellement en lui, vous entretenez ce mal,

et par là, vous rendez votre frère plus mauvais au lieu de le rendre meilleur ; vous rendez sa tâche plus difficile et la lutte qu'il soutient pour se corriger plus ardue ; peut-être
même la mauvaise pensée que vous nourrissez
à son égard sera-t-elle le coup décisif qui le
fera tomber là où, autrement, il fût resté debout. Si votre pensée est fausse et non vraie,
dans ce cas, vous éveillez en lui un mal qui
n'existe pas encore dans son caractère. Voyez
donc toute la gravité de penser le mal sans
même le dire. Quand quelque chose est répété
à quelqu'un, là le même cycle de mal sera
repris par celui auquel on a parlé. Ainsi vous
devenez une source de mal, si insignifiantes
que vos paroles aient pu paraître.

La cruauté est également un grand crime
contre l'amour, et le Maître donne quelques
exemples de cruauté pour que le disciple
puisse les éviter. D'abord, la cruauté en matière religieuse ; celle-ci fut exercée dans le
passé par les meurtres et les tortures auxquels
se livra l'Inquisition. Mais le même esprit se
retrouve aujourd'hui dans toutes les contro-
verses religieuses et dans les paroles malveil-
lantes dirigées contre ceux qui essaient de

trouver la vérité en dehors des chemins battus.

Cela n'a-t-il pas été le cas pour notre ami très vénéré, M. Campbell, qui, par suite des vexations que lui infligèrent ses confrères aux premiers jours de la lutte qu'il eut à soutenir pour conquérir le droit d'exposer publiquement ce qu'il savait être la vérité, dut abandonner une partie de son œuvre. L'esprit de cruauté religieuse n'est pas mort bien qu'il ne se manifeste plus ni par le feu, ni par la torture !

La vivisection aussi est une autre forme de cruauté stigmatisée par le Maître. Sur ce sujet tous les Occultistes sont unanimes. Quoi que l'on puisse dire au nom de la science, quelles que soient les opinions favorables émises par les Commissions réunies pour discuter cette question, l'Occultiste ne saurait admettre que l'on impose des souffrances imméritées à des êtres vivants. Dans les rapports mêmes, publiés par les défenseurs de la vivisection, on a été obligé d'avouer qu'une grande part de cruauté a été inutile, et que les résultats sont trompeurs ; mais on y déclare, toutefois, que ces expériences peuvent être poursuivies sans que la cruauté y soit nécessaire.

Après l'Inquisition, la bigoterie religieuse et
la vivisection, le Maître signale une troisième
forme de cruauté ; celle qu'exercent certains
mauvais instituteurs sur les enfants confiés à
leurs soins. L'enseignement est une des plus
nobles professions que l'homme puisse embrasser, mais il offre aussi des occasions de
mal agir dans lesquelles tombent malheureusement trop d'instituteurs. Ce sont les châti-
ments corporels qu'infligent des hommes forts,
vigoureux, à des enfants faibles et impuis-
sants. Cela encore est une forme de cruauté
condamnée par un Maître de compassion et
une de celles qui font obstacle sur le Sentier.

Le quatrième genre de cruauté signalé par le
Maître aura, je le crains, bien du mal à être
accepté comme tel ; c'est le sport qui consiste à
sacrifier des créatures vivantes pour le seul
plaisir de l'homme. Bien que cette coutume
soit admise par l'opinion publique, et que, de
ce fait, l'homme puisse tuer des milliers d'oiseaux sans être taxé de bourreau, — il est considéré plutôt comme un bon chasseur —, cette
cruauté sportive n'en constitue pas moins un
obstacle pour ceux qui veulent entrer sur le
Sentier. Le Maître explique que cette cruauté,
tout inconsciente qu'elle paraisse, entraîne

avec elle la misère et la souffrance tout aussi
bien que la cruauté exercée de propos délibéré, qui est comparativement rare. Il indique que la loi de Karma, bien que l'homme
ne semble pas s'en souvenir, n'oublie pas, elle,
que chaque douleur infligée à une créature
sensible produit une réaction de douleur, sur
celui qui l'a imposée.

Enfin, le Maître signale la superstition comme étant le dernier des crimes contre l'amour,
et il enseigne au jeune disciple qu'il doit absolument l'éviter.

Mais, avant de traiter cette question, il est
un point relatif à la cruauté que j'ai négligé
sur le moment, mais sur lequel il me faut revenir parce qu'il concerne, dans une large mesure, ceux d'entre vous qui sont plus riches
que ceux qu'ils emploient à leur service. Bien
que la chose ait plus de portée dans l'Inde, le
Maître signale, comme étant coupables de
cruauté, ceux qui négligent de payer les gages
gagnés par le travail. Bien que le fait se présente rarement en Europe où il est devenu
obligatoire, dans toutes les grandes entreprises
industrielles, de payer régulièrement les ouvriers, les Instructeurs Hindous n'ont cessé de
le mettre en évidence. Ainsi que l'a dit Maho-

met : « Payez ceux qui travaillent pour vous avant que la sueur de leur corps ne se soit séchée. » La souffrance résultant de cette négligence est souvent bien amère et entraîne parfois des conséquences fâcheuses pour celui qui en est victime.

Une autre faute très commune en Occident, et à laquelle s'applique la même réprobation, c'est le retard apporté à régler les factures des employés ou fournisseurs qui se trouvent de ce fait parfois gênés pour vivre. Les femmes qui travaillent de leur aiguille, les hommes qui confectionnent les vêtements d'hommes, sont trop souvent réduits à mourir de faim du fait que les personnes de haut rang, occupant de hautes situations sociales, oublient les souffrances et les soucis qu'elles provoquent en demandant un trop long crédit. C'est là encore une des fautes sociales dont doit bien se garder celui qui aspire à devenir un disciple. Agir ainsi peut amener la faillite d'un commerçant aussi bien que la misère pour ceux qu'il emploie.

Le dernier crime contre l'amour, ai-je dit, c'est la superstition. Le Maître en signale spécialement deux genres : l'un, qui subsiste encore aujourd'hui — bien qu'atténué dans

une mesure assez large — consiste à sacrifier
des animaux dans certains temples de l'Inde,
et cela, surtout dans les villages où la popula-
tion est très pauvre et absolument ignorante.
Cependant — et je suis honteuse de l'avouer —
il existe encore quelques temples où des gens
cultivés et sensés continuent à offrir le sang
des animaux aux statues de pierre ou de bois
qui représentent leurs divinités. C'est là encore
une pratique que le Maître condamne, con-
damnation à laquelle vous vous rangerez tous,
j'en suis certaine. Les missionnaires, d'ailleurs, sont aussi d'accord avec nous sur cette
question. Mais que peuvent-ils répondre, eux,
quand on leur objecte : « Pourquoi défendez-
vous de sacrifier des animaux dans nos cérémonies religieuses alors que vous en sacrifiez
bien davantage pour satisfaire vos palais humains ? » Ceci aussi est signalé par le Maître
comme une cruelle superstition, « car c'est une
superstition, dit-il, que de croire que l'homme
ait besoin de viande comme nourriture ».
D'ailleurs, ainsi que le savent tous ceux qui.
résolument se sont abstenus de son usage, ils
ont obtenu comme résultat la santé, et non la
maladie, en suivant la loi de l'amour. Si vous
voulez bien penser que se nourrir de viande

est une superstition, cela vous aidera peut-être
à renoncer à cette habitude.

Rappelez-vous, toutefois, en envoyant vos
missionnaires dans l'Inde, que ceux-ci n'arriveront jamais à toucher le cœur des Hindous
tant qu'on les blâmera de sacrifier une chèvre
à Durgà et que l'on trouvera tout naturel de les
voir porter cet animal au bungalow du sahib
et du mensahib, car l'Hindou est logique et
vous répondra : « S'il ne nous est pas permis
d'offrir des animaux à notre Dieu pourquoi
souffre-t-on qu'on les offre à l'homme ? Si la
vie de l'animal, ainsi que vous le dites, est
précieuse aux yeux de Dieu, pourquoi la lui
prenez-vous pour la mettre sur votre table et
non sur l'autel consacré à Dieu ? »

Et ainsi, ce grand Instructeur a tracé pour
nous les qualités nécessaires pour franchir le
premier Portail de l'Initiation, pour cette naissance du Christ dans l'Esprit humain qui est
l'entrée de ce Portail. Je n'ai pu vous donner
qu'un aperçu très imparfait et très rapide de
ces merveilleux enseignements qui émanent
du Maître et qui doivent vous illuminer, mais
vous n'en aurez pas moins pu vous rendre
compte de ce qu'Il exige de nous, et vous rendre compte aussi qu'il vous faudra vous dé-

barrasser d'une foule de préjugés, de coutumes et d'actions irréfléchies, si vous voulez trouver le Maître et être accepté par lui parmi ses disciples. Puissiez-vous être capables de surmonter les obstacles que la routine, l'insouciance et l'habitude ont amoncelés autour de vous ; puisse ma faible voix réussir à vous convaincre qu'il n'y a pas, dans la vie, de joie plus grande que celle dont jouit le disciple, qu'il n'y a pas de soi-disant sacrifice qui ne soit comme le minerai brut qui, jeté dans le creuset, en sort en lingots d'or pur. Que dans les cœurs de quelques-uns de vous, — ne fût-ce qu'un petit nombre de ce vaste auditoire, ces faibles paroles puissent allumer la flamme éternelle, et que l'émotion passagère ressentie peut-être en m'écoutant puisse se développer en ferme volonté et en persévérant effort ! Oh ! alors, vous aussi dans un avenir proche, vous pourrez trouver le Maître ; vous aussi, qui cherchez, vous trouverez. Si vous frappez, avec le marteau de toutes les qualités requises, la porte s'ouvrira toute grande devant vous, et vous trouverez le Maître comme j'ai eu la joie de le trouver moi-même ; vous verrez qu'il n'y a pas de liberté plus parfaite que celle qu'offre le « service », de joie plus

profonde que celle que procure la présence du
Maître. Tel est l'espoir que je voudrais vous
laisser aujourd'hui, l'aspiration qu'il me serait
si doux d'avoir éveillée.

Mais, de grâce, que l'inhabileté de la confé-
rencière, que la faiblesse de ses paroles ne
vous empêchent pas de voir briller l'éblouis-
sante clarté de cette beauté parfaite et surhu-
maine de la figure du Maître que vous pouvez
trouver si vous le désirez ; après quoi, vous
pourrez dire, vous aussi :

« J'ai cherché et j'ai trouvé. »

IV

La vie de Christ

Nous avons vu, dans nos conférences précedentes, l'aspirant se tourner de propos délibéré vers la vie supérieure ; nous l'avons suivi dans sa recherche du Maître, jusqu'à sa rencontre avec lui.

Nous aurons à le suivre aujourd'hui à travers la première des quatre grandes Initiations, qui doivent lui être conférées au cours de sa marche sur le Sentier jusqu'à ce qu'il arrive au seuil de la cinquième. C'est cette vie dont parle saint Paul, cette vie dont le début porte le sceau du moment où « le Christ est né dans l'homme ». Vous vous rappelez, sans doute, combien l'apôtre désirait voir ses disciples en arriver à la sublime expérience, c'est-à-dire à voir le Christ naître dans leur cœur. Vous devez vous rappeler aussi qu'il parle d'un autre stade, « celui, dit-il, où l'homme arrive à être l'homme parfait et où il s'est élevé à la stature et à la plénitude du Christ. » C'est ainsi que le grand apôtre de l'Eglise Chrétienne a délimité les deux périodes de l'étude que nous allons embrasser aujourd'hui, c'est-à-dire celle de la naissance du Christ et celle où il a atteint sa pleine croissance, où l'homme est devenu parfait.

Telle était la conception de saint Paul quant à la signification et à l'importance du Sentier présenté par le Christianisme. De nos jours, l'ambition du chrétien ne s'élève pas aussi haut : se contenter d'être sauvé par un autre, s'envelopper dans la droiture de cet autre, a été considéré comme représentant la vie chrétienne. Mais le grand apôtre voyait les choses tout différemment — pour lui, il y avait « les appelés et les élus ». Il ne s'agissait plus d'être sauvé par un autre, mais de devenir soi-même un « Sauveur », et c'est là le vieux et grand idéal de l'Eglise Chrétienne : *devenir soi-même un Christ* ; vivre la vie d'un Christ ; passer par les grands stades d'expériences indiqués dans l'histoire de l'Evangile.

Les Evangiles sont, pour ceux qui savent les lire, moins l'histoire d'une Personne que le drame majestueux de l'Initiation de l'Esprit.

Etudié dans cet esprit, ce Sentier élevé s'ouvre à ceux qui devront le parcourir en réalisant en eux le grand espoir de l'apôtre pour ses enfants spirituels. Ceci, et rien moins que ceci, est la possbilité de tous ceux qui veulent atteindre ce but. C'est cette partie de la vie humaine que l'on désigne quelquefois sous le simple nom « le Sentier : » les Bouddhistes l'appellent « le Sentier de Sainteté » et quelquefois comme chez les Catholiques romains, « le Sentier de l'Illumination » ; c'est le Sentier sur lequel la lumière de l'Esprit brille de plus en plus jusqu'au jour où elle atteint la perfection ; cette vie qui fut vécue par le Christ comme étant « *le premier né d'entre de nombreux frères* » est comme une preuve *unique* de ce à quoi l'humanité divine pourrait atteindre. Je conviens, certes, que ce sentier est celui qui demande, à qui veut le parcourir, la renonciation totale de tout ce qui a été désirable et plein de valeur pour lui dans ses vies précédentes, aussi a-t-il été dit : « Etroite, en vérité, est la porte et étroit le Sentier, peu nombreux sont ceux qui le trouvent. »

Dans les temps à venir, nombreux seront ceux qui parcourront ce Sentier ; et dans un avenir beaucoup plus lointain encore, tous les êtres le connaîtront ; mais l'humanité ayant à peine accompli la moitié de son évolution, peu nombreux sont ceux qui, aujourd'hui, veulent marcher sur ce Sentier.

Dans tout ce que je viens de vous dire précédemment, j'ai employé le mot « Initiation » ; or, avant d'aller plus loin, je voudrais m'arrêter un instant sur ce terme et vous en dire quelques mots. Rappelez-vous ce que vous savez des études que vous avez faites de l'histoire du passé. Dans toutes les nations de l'antiquité certaines grandes institutions sont connues sous le nom de Mystères, terme auquel d'autres ont été ajoutés pour les distinguer les uns des autres : tels les Mystères d'Eleusis, d'Orphée, de Bacchus ; mais, quel que fût le nom qui leur était donné, le mot *Mystère* leur était commun et tous avaient leurs initiés. Il est dit que, dans les premiers temps, tous ceux qui étaient les plus purs et les plus nobles participaient à ces Mystères, que ceux-ci détruisaient toute crainte de la mort et donnaient la certitude de l'*Immortalité*, que ceux qui y entraient acquéraient une sagesse que les autres ne possédaient pas, et que les initiés se distinguaient non seulement par le développement de leur intelligence, mais plus

encore, par la pureté et la noblesse de leur
vie. Les Mystères sont reconnus comme ayant
existé, non seulement en Grèce et en Egypte,
mais aussi en Perse, dans l'Inde et dans la
Chine. Les deux plus grands Instructeurs religieux de l'Inde ont été connus comme ayant
spécialement expliqué les Mystères du Sentier
qui conduit au but tous ceux qui le parcou-
rent. L'un de ces grands Instructeurs fut le
Seigneur Bouddha ; ses disciples actuels ont
encore retenu tous les détails qu'il donna sur
le Sentier. L'autre fut Shri Shankaracharya,
le grand Instructeur de l'Hindouisme, qui a,
lui aussi, expliqué le Sentier et ses différentes étapes d'une manière identique.

Puis, laissant de côté, pour l'instant, ces
grandes religions qui ont précédé le Christianisme, nous trouvons que ces Mystères ont
aussi existé dans l'Eglise Chrétienne primitive. Origène et Clément d'Alexandrie en parlent dans leurs écrits. C'est ainsi que saint
Clément dit *qu'il ne peut exposer publiquement ce qu'il a appris dans les Mystères, mais
que quelques-uns, parmi ses lecteurs, com-
prendront ses allusions.* Vous pouvez lire
aussi cette fameuse déclaration qu'on enten-
dait dans l'Eglise Chrétienne quand ceux qui

en étaient jugés dignes étaient appelés pour
être admis dans les Mystères : « Que celui qui
est conscient de n'avoir pas commis, pendant
longtemps, aucune transgression, s'approche
et prenne connaissance des enseignements secrets que Jésus a laissés à ses propres disciples ». Et vous pouvez apprendre, par les
écrits des Pères de l'Eglise, que dans ces Mystères, des Anges venaient parfois, comme Instructeurs, et qu'ils y révélaient l'existence d'un
monde invisible, à ceux qui étaient jugés dignes d'être Initiés à ces mondes.

Bien qu'il soit vrai que, de nos jours, la Société Théosophique vienne pour proclamer
de nouveau l'existence des Maîtres, des Initiés
et des Mystères qui n'ont jamais disparu (ceci
étant une partie de l'œuvre pour laquelle elle
a été instituée sur terre), elle ne prétend pas
toutefois avoir ajouté, par cette proclamation,
quelque chose de nouveau aux grandes religions du monde ; elle ne veut que rappeler à
chacune d'elles que ces vérités et ces possibilités existaient dans leur enseignement primitif.
en disant que les Mystères existent encore, en
déclarant que le Portail de l'Initiation est encore ouvert. En proclamant selon l'ancienne
formule, que ceux qui cherchent trouveront,

et qu'à ceux qui frappent il sera ouvert ; nous n'avons pas eu la prétention d'apporter quelque chose de nouveau mais seulement de répéter un message oublié — de rapporter, à un monde plongé dans le matérialisme, une connaissance qu'il a oubliée et dont il a perdu le sens.

C'est donc pour vous rappeler que ceci n'est pas un enseignement spécial aux religions orientales, mais un enseignement universel, que je vous ai parlé de la vie de l'Initié sous la forme Chrétienne, comme étant la Vie de Christ. Ce nom de Christ remonte d'ailleurs à un lointain passé, à un passé bien antérieur à la venue du grand Fondateur du Christianisme, car il était réservé à ceux qui étaient consacrés, « oints » par le Saint-Chrême de l'Esprit, et qui commençaient à marcher sur le Sentier qui les faisait prêtres et Rois pour le service de Dieu.

C'est là l'antique Sentier appelé, de temps immémorial, le Chemin de la Croix, car la Croix est le symbole de la vie triomphant de la mort, de l'Esprit triomphant de la matière.

En Orient et en Occident, ce Sentier est le même ; il n'y a qu'une seule doctrine occulte, qu'une seule grande Loge Blanche, dont les membres sont les Gardiens qui veillent sur les

trésors spirituels de notre race. Ils ne connaissent aucune différence entre l'Orient et l'Occident, aucune différence entre les noirs et les
blancs. Ils ne reconnaissent que les qualités nécessaires pour recevoir l'Initiation et, selon l'antique coutume, ils ouvrent le Portail à l'homme
qui veut parcourir l'ancien et étroit Sentier.

Or, que veut dire : Initiation aux Mystères ?
D'une façon exacte, cela signifie une extension
de conscience.

L'initiation, en elle-même, comporte une série d'événements par lesquels l'homme doit
passer ; ces événements sont des expériences
précises exigeant un certain laps de temps. Ce
n'est pas une suite d'impressions vagues et mal
définies, mais une série vivante des
pensées et des actions par lesquelles l'homme,
sorti de son corps physique, passe en la présence d'une grande assemblée de Maîtres. Le
résultat est que l'homme devient conscient d'un
monde nouveau, comme si un sens nouveau
s'était éveillé en lui, un sens qui a ouvert devant lui ce nouveau monde qui l'entoure. De
même que l'aveugle-né, — qui ne connaît le
monde dans lequel il vit que grâce aux sens
de l'ouïe, du goût et du toucher, découvre, si
la vue lui est rendue, un monde tout autre que

celui qu'il s'imaginait, de même en est-il pour
l'homme qui, après avoir passé par la grande
cérémonie de l'Initiation retourne dans son
corps, dans le monde physique des hommes.
Un autre monde l'entoure, *sa conscience entre
dans une nouvelle phase* ; il voit maintenant là
où il était aveugle ; il *sait* là où, autrefois, il
ne pouvait qu'espérer et pressentir.

Il y a, au cours du Sentier, cinq grandes cérémonies d'Initiation. La cinquième est celle
qui conduit à l'état de Maître ; je la laisserai
de côté aujourd'hui et ne vais vous parler que
des quatre premiers *Portails* qui jalonnent le
Sentier de Perfection vers le but final : la
Perfection de la divinité dans l'homme.

Prenons les quatre grands événements rapportés dans les Evangiles et ayant trait à la
vie du Christ dans le symbolisme Chrétien ;
ces événements représentent, sous d'autres
noms, les réalités que nous trouvons chez les
Hindous et les Bouddhistes lorsqu'ils décrivent le Sentier.

Le premier de ces événements est, comme je
l'ai dit : la naissance du Christ ; le second, le
Baptême ; le troisième, la Transfiguration ;
le quatrième, la Passion. Nous allons les étudier successivement en indiquant le symbole

qui se cache derrière chacun d'eux et les noms sous lesquels ils sont désignés chez nos frères de l'Orient.

Celui en qui le « Christ est né » (le nouvel Initié) est toujours appelé, dans le monde tout entier, « le petit enfant ». Rappelez-vous ces paroles de l'Evangile : « A moins que vous ne deveniez comme « *des petits enfants* », vous n'entrerez pas dans le royaume des Cieux ». Le royaume des Cieux, ou royaume de Dieu, est l'ancien nom du Sentier, et, seul, le « petit enfant » peut y entrer. Le nouvel Initié, le Christ-enfant, est celui qui vient de naître à cette nouvelle vie de l'Esprit ; cette extension de conscience qu'il a pu atteindre lui a ouvert, pour la première fois, ce grand monde spirituel dans lequel toutes les vérités arrivent à l'homme par l'intuition et non par le raisonnement ; dans lequel les yeux de l'Esprit sont ouverts et l'enseignement direct des vérités spirituelles reçu ; dans lequel la connaissance devient intuitive et non plus rationnelle.

Quand la grande cérémonie est terminée, soit par l'entremise de son propre Instructeur, soit par celle d'un disciple élevé, qui a été délégué pour cette fonction, le nouvel Initié voit alors s'ouvrir devant lui cette nouvelle conscience qui doit s'épanouir graduellement, afin qu'il puisse atteindre cette connaissance qui, tout d'abord, ne lui est présentée que sous la forme d'un panorama éblouissant. Du fait de sa naissance dans ce nouveau monde, la première des grandes Initiations est désignée sous le nom de « *seconde naissance* », « *la naissance de l'Esprit* ». Il est donc maintenant *le deux fois né*, non plus seulement né naturellement bien des fois, sur terre, et toujours dans la vie de la matière, mais né cette fois à la vie de l'Esprit qui sera désormais sienne à tout jamais. C'est là la clef de la connaissance que l'on dit, au figuré, avoir été donnée à l'Initié, c'est un nouveau pouvoir, une nouvelle faculté, un nouveau sens qui s'est graduellement développé en lui au cours de son entraînement et qui, maintenant, éclate en puissance utile soumise à son contrôle.

C'est alors que l'Initié prononce les vœux de renoncement intérieur qui, d'après l'Eglise Catholique Romaine et une certaine partie de l'Eglise Anglicane, lui ouvrent l'accès de ce qu'elles appellent « la vie supranaturelle ». Ce **sont les vœux de pauvreté, de chasteté et d'obeissance.** Ces vœux symbolisent une grande vérité spirituelle : le renoncement intérieur, de la part du nouvel Initié, à toutes les choses physiques, mentales, que jusqu'alors il avait considérées comme lui appartenant.

Ce n'est pas par des paroles, mais par un renoncement intérieur qu'il fait abnégation de tout sentiment de propriété pour quoi que ce soit. Il peut posséder la richesse, mais elle n'est plus à lui ; elle appartient à la grande Loge Blanche dans laquelle il vient d'entrer. Il peut être doué de capacités intellectuelles, mais elles ne lui appartiennent plus, car il ne doit s'en servir que pour la cause à laquelle il s'est donné. Et ainsi est sorti de son cœur tout désir de possession et tout sentiment de propriété.

Et, par un paradoxe étrange, c'est alors qu'il ne possède plus rien, qu'il ne désire plus rien, que les Rois de la terre, les Sages, viennent apporter leurs trésors et les déposer aux pieds du faible enfant ; car c'est lorsque l'homme ne désire plus rien que tout tombe entre ses mains ; et les mains, qui se vident sans cesse au service du monde, sont toujours et continuellement pleines, bien qu'elles ne gardent jamais rien. Ainsi, non seulement l'Initié renonce à toutes les possessions et devient. de ce fait, capable d'administrer le travail qu'il trouve devant lui, mais il doit encore renoncer aux plaisirs des sens ; c'est ce qui constitue le sens occulte du vœu de chasteté.

L'Initié doit aussi faire abnégation de sa propre volonté — volonté personnelle, volonté séparative, pour se soumettre entièrement à la Volonté Une qui est la Volonté divine ; il ne veut plus connaître que cette Volonté qui déterminera désormais tout ce qu'il pense, tout ce qu'il espère, et tout ce qu'il fait. Tel est donc le sens occulte des trois grands vœux : renoncement à la possession de quoi que ce soit. renoncement aux plaisirs des sens, renoncement à la volonté personnelle.

Puis il retourne parmi les hommes. Il est devenu, pour l'Hindou « l'Errant », puisqu'il ne possède plus rien ; il est le « Voyageur Errant », « libre comme l'air », selon les paroles du Seigneur Bouddha, voué au seul « service », et toujours prêt à se rendre partout où on a besoin de lui. Pour les Bouddhistes, il est « Celui qui est entré dans le grand courant » ; il est entré dans le courant à l'extrêmité duquel il deviendra un Maître.

Il ne pourra jamais en sortir et jamais plus le quitter, car ce courant circule entre l'autre

monde et le nôtre, et celui qui y est entré doit
le suivre jusqu'à l'autre rive.

Avant d'atteindre le deuxième Portail, il faut
encore que l'Initié se libère de trois entraves,
qu'il s'en libère complètement, entièrement, car
jamais plus, il ne pourra revenir sur ce Sentier ; toujours il devra avancer sur son
chemin. Ces trois entraves sont ainsi appelées
parce qu'elles le retiendront sans cesse tant
qu'il ne les aura pas brisées. La première est
le *Sentiment de séparativité*. L'Initié doit considérer tout ce qui est autour de lui comme faisant partie de lui-même, il doit personnellement
éprouver les joies et les peines des autres, envisager tout à leur point de vue, comprendre
leurs émotions et être capable de sympathiser
avec eux, il ne doit ni juger ni critiquer personne. Tous font partie de lui-même, de sa
propre vie. Tout sentiment de séparativité doit
complètement disparaître, car un Sauveur du
monde doit s'identifier avec la nature de tous.

L'Initié ne doit éprouver aucun mépris pour
ceux qui sont moins développés que lui, ne
porter aucun jugement dédaigneux sur les
moins dignes ; il voit tous les hommes comme
des fragments de la Vie Une, il s'identifie, avec

chacun d'eux afin de devenir le secours et le sauveur de tous.

Il doit se débarrasser de tout sentiment de *Doute* ; non pas cette attitude d'esprit rationnel qui consiste à douter de certaines choses tant qu'elles n'ont pas été prouvées ; cette attitude, d'ailleurs, est toujours indispensable si l'on veut éviter les dangers qui découlent de la crédulité et de la superstition ; non, il s'agit ici du doute concernant certains grands faits de la nature. L'Initié ne peut douter de la Réincarnation puisque, maintenant, il connaît ses vies passées ; il ne peut douter du Karma, la grande loi d'action et de réaction, puisque, en remontant dans le passé, il a pu constater le fonctionnement de cette loi et qu'il peut aujourd'hui en constater la réalité. Il ne peut douter de l'existence des Maîtres, car ne vient-il pas, au moment de son initiation de comparaître devant leur auguste assemblée ? Il ne peut douter du Sentier puisqu'il y est entré et qu'il le foule de ses pieds. Tels sont les doutes qu'il faut laisser derrière soi, car ces entraves pourraient retarder son progrès.

La troisième grande entrave est la *Superstition*, cette conviction que certains rites ou cérémonies spéciales sont absolument indispensables pour atteindre le but que l'on se propose. L'Initié n'a plus besoin du pont que ces cérémonies sont censées former pour ceux qui ne peuvent encore se transporter dans les mondes supérieurs par leur propre force, par leur propre connaissance. Il comprend que toutes les religions avec leurs cérémonies, sont toutes également utiles pour leurs fidèles, mais qu'aucune d'elles ne lui est plus nécessaire. Il sait que les cérémonies ne peuvent plus rien sur lui et qu'il ne dépend plus que du Dieu qui est en lui. Si utiles, si belles, si réconfortantes que soient ces cérémonies pour ceux qui n'ont pas encore franchi le Portail, elles n'ont plus de valeur pour lui, car il voit sans voiles les réalités des mondes supérieurs dont elles ne sont que les symboles et auxquels elles servent d'accès.

Complètement libéré de ces trois entraves, et rien ne pouvant plus désormais le retarder, l'Initié est maintenant arrivé à l'adolescence, il est prêt à passer la seconde des grandes Initiations qui, dans le drame chrétien, est appelé le Baptême. Il est écrit que « l'Esprit de Dieu descendit sur Jésus et habita en Lui ». C'est dans cette forme Chrétienne que l'Esprit descend sur le disciple, l'Esprit d'intuition qui lui est nécessaire avant qu'il puisse aller plus loin, avant d'atteindre la troisième Initiation. De plus, il doit apprendre à faire descendre cet Esprit à travers ses corps causal et mental unis à sa conscience physique pour qu'Il « demeure en lui » et le dirige (1). C'est pourquoi les Hindous l'appellent alors le *Constructeur*, le constructeur des véhicules qui lui sont nécessaires ; et les Bouddhistes : « Celui qui sera appelé à naître une fois encore », c'est-à-dire qui dirige ses pas vers le but auquel il aspire avec tant d'ardeur.

Cette Initiation une fois passée, l'homme n'a plus à se débarrasser de ses faiblesses ; il lui faut maintenant acquérir de nouveaux pouvoirs, ces pouvoirs superphysiques qui sont l'apanage de la perfection des corps superphysiques que l'homme doit maintenant créer en lui-même, afin de pouvoir servir plus parfaitement ; car il lui faut marcher pas à pas à la conquête de ce grand monde spirituel, le monde de l'intuition, dans lequel il doit être prêt à servir

---

(1) Ce processus est ordinairement appelé : '' développement des facultés psychiques '', et il en est ainsi dans le sens propre du terme ''psychique''; mais cela n'implique pas le développement de la clairvoyance et de la clairaudience qui dépendent d'un processus tout autre.

(Note de l'Auteur)

comme dans les mondes mental et émotionnel. Pendant le temps qu'il met à franchir ce stade de son progrès, il est occupé à perfectionner tous ses corps afin d'être prêt pour le grand travail qui l'attend.

En général, ce stade est de courte durée. Le disciple arrive ensuite au troisième grand Portail qui, dans l'histoire Chrétienne, est appelé la *Transfiguration* et que les Hindous désignent sous le nom de *Cygne*, l'oiseau du ciel, symbole de la reconnaissance du « moi » comme étant *un* avec Dieu.

Dans ce symbole se manifeste la Divinité qui rayonne au loin illuminant pour un moment tout l'avant du Sentier, qui conduit à la profonde douleur, et à la vallée de l'ombre de la mort ; car vous devez vous rappeler que, dans le drame de l'Evangile, c'est immédiatement après la Transfiguration, sur le mont des Oliviers, que Jésus porte sans cesse ses regards vers Jérusalem et qu'il s'achemine vers le Jardin de Gethsémani et le mont du Calvaire ; la lumière divine éclaire les ténèbres pour que le cœur humain ait la force et le courage de continuer sa route sans défaillance.

Dans l'intervalle qui s'écoule entre la troisième et la quatrième Initiation, deux autres imperfections sont à surmonter à jamais : l'attraction et la répulsion pour toutes les choses extérieures. C'est ainsi que, dans l'allégorie de l'Evangile, on peut voir que Jésus n'éprouve aucune attraction pour tout ce qui aurait pu s'opposer à la Passion qu'il doit bientôt subir. On peut voir aussi que tout sentiment de répulsion a été vaincu lorsqu'il laisse s'approcher de Lui la pécheresse qui Lui arrose les pieds de ses larmes et les essuie avec ses cheveux, car l'attraction et la répulsion pour toutes les choses extérieures doivent disparaître avant la venue de la dernière grande épreuve ; sans cela on ne pourrait continuer la marche sur le Sentier, car cette dernière épreuve serait au-dessus de ses forces.

A cette étape, le disciple apprend donc à s'élever au-dessus de l'attraction et de la répulsion et à les rejeter à tout jamais ; désormais, ces deux sentiments n'auront plus aucun pouvoir sur lui.

Jésus se prépare ensuite à faire son entrée dans Jérusalem, à être trahi par un de ses apôtres, à être abandonné par tous les autres, à supporter la solitude dans laquelle il sera laissé au moment d'affronter les terribles et suprêmes souffrances.

C'est, en effet, entre la troisième et la quatrième Initiation que se creuse l'abîme de silence au-dessus duquel le disciple se trouve suspendu, seul, dans le vide, avec personne sur la terre en qui il puisse avoir confiance, rien dans le ciel en quoi il puisse espérer, aucun ami sur le cœur duquel il puisse compter ; hélas ! la vue même du Suprême lui est voilée et obscurcie. Cette étape est symbolisée par l'Agonie au Jardin des Oliviers où le cœur humain de Jésus, s'écrie : « Si c'est possible, que ce calice s'éloigne de moi ! » Mais la volonté humaine se réveille puissante dans son renoncement, et il ajoute : « Mais que Ta Volonté soit faite et non la mienne. »

Il passe ainsi par toutes les étapes de la Passion : il voit ses bien-aimés s'enfuir, il se voit trahi, renié, méconnu ; en dernier lieu, il est élevé sur la croix d'agonie pour subir les moqueries, le mépris de tous les hommes ; enfin, abandonné de tous ses amis, il ne voit plus autour de lui que le cercle de ses ennemis triomphants qui le raillent en disant : « Il a sauvé les autres et ne peut se sauver lui-même » ; propos qui renferme, d'ailleurs, la plus profonde des vérités. Enfin, le cœur brisé, il jette le cri suprême : « Mon Dieu ! mon Dieu !

pourquoi m'as-tu abandonné ? » Mais, c'est
dans cette détresse extrême, en perdant le Dieu
extérieur à lui, qu'il trouve le Dieu qui est en
lui, car lorsque descend la profonde obscurité
et qu'on ne peut plus rien voir, alors s'éveille
dans le cœur humain la lumière de l'esprit et,
du sein de l'obscurité, retentissent les subli-
mes paroles de triomphe : « Tout est con-
sommé ! » Telles sont aussi les paroles qui se
répercutent dans la majestueuse assemblée
des hommes arrivés à la perfection, et dans
celle des anges, quand la grande épreuve
finale a été subie et que l'agonie de la croix
est accomplie.

Alors, la quatrième grande Initiation, celle
qui confère l'état d'*Arhat*, le Paramahamsa, —
« Celui qui est au-dessus de Je suis Lui » (1) —
est accomplie. Celui qui est devenu le Christ
crucifié, et, par conséquent, le Sauveur du
monde, qui a parcouru tout seul cette partie si
cruelle du Sentier et qui a trouvé en lui-même
la force divine de le faire, a vu s'éveiller en
Lui l'ineffable réalité qu'il ne sera plus jamais
seul, puisqu'il a trouvé la Vie Une. Il a rem-

(1) Il n'y a plus, ici, de distinction à faire entre "Je" et
"Lui" quand il s'agit d'unité. Au delà de l'union, il y a
l'unité. (*Note de l'Auteur*)

porté la victoire ; aussi le trajet qui lui reste à faire sur le Sentier lui semble-t-il comparativement doux et facile.

Après cette quatrième Initiation de la Passion, restent encore la Résurrection et l'Ascension qui est l'Initiation de Maître. Dans la vie intérieure qui survient, dans l'intervalle qui sépare la Crucifixion de la Résurrection, les dernières faiblesses humaines doivent être vaincues ; désormais, tout désir de vivre sous une forme et dans un monde quelconques s'est évanoui, puisqu'il est lui-même la Vie ; de même s'est évanoui tout sentiment de personnalité.

Il est tout, et toutes les formes lui appartiennent également. Il sait que, désormais, rien ne peut plus l'ébranler, car qui pourrait ébranler la vie qui se connaît elle-même.

Tout peut lui manquer ; mais le fait ne s'est-il pas déjà présenté pour lui et il n'a pas succombé sous l'épreuve ; il sait que rien ne peut l'affecter, le toucher, car il est devenu invulnérable à toute arme meurtrière ; il est devenu semblable au diamant que rien ne peut rayer ni briser.

Ainsi sont tombés de ses yeux les derniers voiles de son ignorance. Ayant triomphé de toutes ses dernières faiblesses il va vivre pendant le reste de cette vie, au cours de laquelle il a atteint l'état d'Arhat, libre comme les oiseaux dans l'air, le Sentier est libre devant lui ; ses mobiles seront méconnus, sans doute, mais que lui importe ? n'est-il pas maintenant celui sur qui la lumière éternelle va briller à tout jamais ? Il vit comme faisant partie d'un Ordre puissant ; il connaît le travail qu'il a à faire et il l'accomplit ; il sait que le but est certain.

Et ainsi, il travaille dans ce monde et dans les autres mondes (car, maintenant, tous les mondes lui sont ouverts) étant mort à la terre, il est passé dans l'Eternité ; la lumière demeure toujours sur Lui et le chemin est ouvert. Il travaille désormais pour que les autres puissent partager les fruits de son travail, ayant conquis le plus magnifique des droits, celui de venir en aide à l'humanité, que cette aide soit vue, reconnue ou non. Que lui importe ! Il s'est élevé à un niveau où il lui est donné de connaître tous les hommes, où il peut déverser, sur tous, aide, force et connaissance car il est parvenu à un degré supérieur. C'est cela que l'on appelle devenir un Christ : reconnaître l'identité de nature grâce à la-

quelle la faiblesse ou la force des autres devient votre faiblesse ou votre force ; reconnaître que les péchés du coupable sont vôtres
aussi bien que la pureté de l'homme le plus
pur, partager la souillure du criminel aussi
bien que la pureté du plus pur des saints.

Il est devenu un Christ, c'est-à-dire un de
Ceux qui ont la gloire d'avoir reconnu la même
Vie unique, qui est la leur, aussi bien dans la
plus grande faiblesse que dans la force la plus
puissante, dans le vice le plus abject que dans
la plus haute sainteté. Pour lui, tous sont
comme lui-même et tout ce qu'il possède leur
appartient.

Devenir un Christ, c'est reconnaître l'identité de nature qui nous fait porter les faiblesses des plus faibles aussi bien que la force
des plus forts, le péché du plus grossier aussi
bien que la pureté du plus pur ; qui nous fait
partager l'abjection du criminel aussi bien que
l'absolue pureté du saint. Telle est la véritable
gloire de l'état de Christ : celui qui est le plus
bas est aussi aimé que celui qui est le plus
élevé; l'un et l'autre font autant partie de lui-
même. Ceux-là seuls connaissent la Vie Une,
qui peuvent se sentir un avec le plus mauvais,

aussi bien qu'avec le meilleur qui s'identifient avec tous, et qui possèdent pour que les autres puissent profiter de tous leurs biens.

Le Christ triomphant et l'œuvre de la Hiérarchie

Le long et rude Sentier est enfin parcouru et Celui qui l'a gravi, qui a passé par toutes les expériences humaines et les a assimilées, Celui qui n'a plus rien à apprendre dans ce système de monde, qui a subi l'agonie de l'abandon, qui a franchi les portes de la mort pour la dernière fois, se tient triomphant devant le Portail de la cinquième grande Initiation qui s'ouvre devant lui, avec tout un avenir de gloires illimitées s'étendant au delà de ce Portail.

Il a atteint le Nirvana, ainsi qu'on appelle en Orient cet état de conscience qui embrasse tout, qui est l'extinction du soi inférieur où l'Esprit a atteint toute sa plénitude, où il est devenu tout puissant et où le Disciple laisse échapper de ses lèvres ces paroles triomphantes : « Je suis celui qui vis et qui étais mort, désormais je vis à tout jamais ! Maître de la vie et de la mort, libéré de tout lien qui puisse l'entraver, toute puissance lui étant don-peut le rattacher, toute puissance lui étant don-née dans le ciel et sur la terre. Il est devenu l'Homme Parfait, Il a achevé le cycle humain, il a atteint l'idéal de l'Homme Divin ; dans la terminologie orientale Il est Celui qui a con-quis la libération ; en Occident, Il est Celui qui a gagné le salut final. Celui dont on a dit que « le Christ étant né en lui » a maintenant atteint la stature et la plénitude de Christ. Il se tient parmi ses nombreux frères dont Christ est « le Premier-né ». Il est devenu « un des piliers du temple de mon Dieu dont il ne sortira plus jamais. »

Dans les Ecritures Chrétiennes et hébraï-ques, on trouve de temps à autre des indices de ces grandes Figures ; c'est ainsi que dans l'Ancien Testament Hébreu, il est question d'un grand Etre que rencontra le patriarche Abraham et au sujet duquel il est écrit : « Sans père ni mère, n'ayant ni commence-ment ni fin, créé à l'image du Fils de Dieu, Il demeure prêtre à tout jamais ! »

Tel est l'immense triomphe de l'homme qui a atteint maintenant la Perfection de l'Huma-nité. Le long passé est derrière Lui avec ses

luttes, ses chutes et ses succès. Il est né pour
la dernière fois ; la mort n'a plus de prise sur
Lui ; Il est l'un des Maîtres de Sagesse ; Il a
conquis la Vie Eternelle !

Maintenant qu'Il a accompli son pélerinage,
sept voies, qui doivent le conduire dans les
régions glorieuses de la vie supra-humaine,
s'offrent à lui ; toutes sauf une, le délivreront
à tout jamais du fardeau de la chair humaine.
Dans ces régions supérieures où la matière
n'est que le serviteur docile de l'Esprit, Il
peut entrer pour travailler dans le vaste Univers au sein duquel Il est maintenant Roi et
Prêtre ; mais, en regardant ces sept voies, Il
découvre qu'une seule d'entre elles retourne à
la terre qu'il a laissée derrière Lui, où les soucis matériels devront encore être supportés,
où le poids de la matière physique encombre
encore le chemin ; c'est cette voie qui Le conduira encore à travailler dans le monde, tandis
que les six autres s'étendent bien au delà, bien
loin de notre terre.

A travers l'harmonie céleste qui l'environne
les cris de douleur, les gémissements que
pousse sous lui la terre en détresse, frappent
son oreille. Il entend l'appel de l'humanité en
esclavage ; il voit les tâtonnements de l'igno-

rant, de l'impuissant, de l'aveugle. Il voit les
souffrances au-dessus desquelles il s'est élevé,
la faiblesse qui, chez lui, s'est transformée en
force, l'impuissance qui, en lui, est devenue
la puissance. Sa race l'a enfermé dans les seuls
liens qui aient encore le pouvoir de retenir l'Esprit affranchi, libéré : ce sont les liens de compassion, les liens d'amour, la profonde sympathie pour cette humanité dont il est la fleur,
pour ceux qui sont encore plongés dans les ténèbres et les ombres de la mort, tandis que la
Lumière Eternelle l'environne de sa radieuse
clarté. Alors, il retourne au monde qu'il avait
quitté, et, loin de rejeter le poids de la chair, il
le prend de nouveau, afin de pouvoir aider l'humanité. Ce corps qui était un corps d'humilia-
tion et qui est devenu un corps glorifié et spirituel, Il est tout disposé à le reprendre de nouveau afin de ne pas perdre contact avec l'humanité qu'Il aime. Et ainsi, tout en conservant
cette conscience supérieure qu'il a conquise,
et après avoir de nouveau repris le fardeau de
la chair, Il reste dans le monde qu'il aurait le
droit de quitter; Il reste en contact avec l'humanité qui l'appelle à son secours. Il devient
un de ceux que nous appelons Maîtres,
un de ces Esprits libérés qui consentent à por-

ter encore le fardeau de la chair. C'est Lui, et
Ceux qui, comme Lui, se sont élevés au-dessus
de toute science et puissance humaines qui
constituent la Hiérarchie Occulte, cette Hiérarchie dont les membres sont les Gardiens du
monde. Ce sont Eux qui ont décidé de rester
avec nous pour aider, guider, fortifier, soutenir l'humanité afin qu'elle ne reste pas sans
guide en suivant le Sentier, sur le long et difficile chemin de l'évolution humaine.

Il est devenu un Sauveur du monde ; Il a
conquis le droit et le pouvoir d'aider ; de
même que le soleil déverse sa lumière et sa
vie sur le monde, que toute vie sur terre est
animée par ses rayons, que sa chaleur fait
germer les semences, permet à la plante de
créer sa substance, donne la vigueur et la
force à l'animal et rend possible la vie humaine, de même ces Grands Etres, soleils du
firmament spirituel, déversent sur la terre
leur force, leur sagesse, développent les ger-
mes de bien latents dans l'humanité, et déversent sur nous la vie et la force qui nous
permettront de progresser. Ils ne prennent
pas notre place ; Ils ne peuvent se substituer
à nous ; mais, grâce à leur identité de nature,
grâce à la hauteur à laquelle Ils se tiennent au-

dessus de nous, Ils peuvent déverser leur vie pour stimuler notre croissance, et notre faiblesse se changera en force grâce au stimulant de leur puissance.

Ainsi, Ils aident le monde, Ils l'aident par des moyens que je vais maintenant essayer de vous exposer d'une façon sommaire. Il y a trois moyens par lesquels la grande vie de cette Hiérarchie se déverse sur l'humanité. Des grandes sphères spirituelles, leur lumière descend comme une bénédiction générale, de même que la lumière du soleil, à laquelle je la comparais tout à l'heure, et vient illuminer tout sans distinction. Tous, vous pouvez en profiter dans la mesure où vous êtes préparés à la recevoir, dans la mesure où vous lui ouvrirez votre cœur, où vous pourrez l'aspirer comme l'atmosphère qui vous entoure. De même que vous pouvez ouvrir vos fenêtres toutes grandes pour laisser les bienfaisants rayons du soleil pénétrer dans vos demeures, ou fermer les volets pour les empêcher d'entrer et d'apporter avec eux la vie et la santé, de même aussi vous pouvez ouvrir vos cœurs ou les fermer à la bénédiction générale et à la vie des Maîtres, bénédiction et vie qui constituent l'atmosphère spirituelle et se déversent comme lumière spirituelle. Ouvrez vos fenêtres, Leur lumière pénètrera ; elle est derrière les volets, ouvrez ceux-ci et votre Esprit sera inondé de Leur lumière et de Leur force.

Puis, aux grands mouvements et aux grandes communautés religieuses, un Maître spécial donne Sa bénédiction et Sa force. Les grandes religions du monde sont, en effet, comme des vases de formes différentes, de vastes réservoirs destinés à recevoir la même eau spirituelle qu'ils distribueront ensuite pour étancher la soif de spiritualité des hommes. Dans ces mouvements différents, organisés dans le but de répandre les doctrines spirituelles, un Maître déverse sa vie et son inspiration pour que celles-ci soient distribuées à ceux qui adhèrent à leurs conceptions, à ceux qui sont entrés dans leur sein. De là les différentes religions du monde, avec leurs différents sacrements, ou moyens différents d'obtenir la grâce, adaptées aux diverses conditions de l'époque où elles ont été données, au tempérament des peuples qu'elles sont destinées à instruire, à développer, et auxquels elles apportent une civilisation spéciale, guidant et aidant ainsi les races et les sous-races de l'humanité.

Le troisième grand moyen, employé par les Maîtres de Sagesse pour aider, consiste à répandre dans le monde de puissantes pensées de connaissance, de beauté, d'inspiration, pensées spécialement destinées aux hommes et aux femmes de génie parvenus à un point où ils puissent se les assimiler et servir de canaux pour les répandre dans le monde tout entier : pensées scientifiques au savant de génie ; pensées de beauté à l'artiste de génie ; pensées de patriotisme et d'utilité pratique à l'homme d'Etat ; pensées de puissance créatrice à l'homme de lettres de génie, que celui-ci s'exprime en prose ou en vers. C'est par de telles pensées que se manifeste la bénédiction des Maîtres de Sagesse pour aider et élever les hommes ; il n'est pas une seule grande inspiration venant frapper l'esprit ou le cœur, pas une seule pensée intense venant illuminer tout un champ de connaissance, pas une forme délicieuse de beauté — que celle-ci soit destinée à charmer l'oreille ou la vue — se frayant un chemin dans notre atmosphère terrestre, qui n'émanent de la grande Hiérarchie dont les membres n'existent que pour aider

les hommes, cette grande Hiérarchie qui ne
cesse de chercher de nouvelles méthodes d'é-
laborer de nouveaux plans, au moyen desquels
l'évolution peut être accélérée et par lesquelles la race peut s'élever.

Il en est parmi ces Maîtres de Sagesse qui
prennent comme élèves et comme disciples —
sur les lignes le long desquelles je vous ai
déjà conduits — ceux qui veulent bien con-
sentir à suivre le Sentier qu'Eux-mêmes ont
parcouru, afin que la Grande Hiérarchie ne
manque jamais de Sauveurs tant que les hommes auront besoin d'aide, aussi longtemps que
l'humanité subsistera sur notre globe.

Outre l'aide que reçoivent de la grande
Hiérarchie soit les hommes en général soit
certaines individualités particulières, il est
deux départements de la vie humaine dans
lesquels le travail de la Hiérarchie peut être
tout spécialement visible et dans lesquels ceux
qui savent regarder peuvent trouver les traces de ce travail. De ces deux départements de
la vie humaine auxquels une aide spéciale est
nécessaire l'un est le Département qui applique les lois, qui dirige constamment toute
évolution naturelle, préside aux bouleverse-
ments de la surface de notre globe, à la cons-

truction et à la destruction des continents, à la naissance, au développement et à l'extinction des races, qui exerce son contrôle sur la destinée des nations, qui édifie les bases des civilisations, fait de temps à autre la balance des comptes contractés entre les races et les nations et qui régit les destinées extérieures des hommes.

Dans ce vaste Département, la Hiérarchie Occulte est sans cesse à l'œuvre, et là, l'Homme Idéal, — le Manou, ainsi qu'on l'appelle en Orient, terme dont notre mot « MAN » est dérivé, le penseur — est celui qui en règle et dirige les activités sous la direction du Chef suprême de la Hiérarchie, le Seigneur de notre monde.

Le second Département est le Département des Enseignements ; il est la source d'où émanent toutes les religions, c'est lui qui inspire et colore les civilisations ; il est dirigé par l'Instructeur Suprême, de deux grades plus élevés qu'un Maître, l'Instructeur des anges et des hommes, appelé en Orient le Bodhissattva, et le Christ en Occident. Ce grand Etre a pour devoir de veiller sur les destinées spirituelles de l'humanité, de guider, bénir et soutenir les diverses religions du monde dont les

grandes lignes ont été établies par Lui-même ;
c'est lui qui place à la tête de chacune d'elles
un Maître comme Guide et Protecteur d'une
religion spéciale, pendant que sa bénédiction
s'étend sur toutes les religions vivantes de
l'époque. C'est Lui encore qui, lorsque les
temps sont venus, réapparaît sur la terre pour
inspirer une nouvelle religion, frapper une nouvelle note, qui viendra enrichir le majestueux
chœur de notre humanité, chœur varié, mais
harmonieux donnant des notes différentes,
mais formant quand même un merveilleux accord.

En jetant un coup d'œil sur le passé de notre
race (la cinquième, la grande race Aryenne)
nous voyons le Bodhisattwa de ces époques
lointaines, le Christ d'alors, fonder d'abord
l'Hindouisme pour la race-mère, puis, successivement, pour les différentes sous-races, la religion de Thoth, en Egypte — connu plus tard
sous le nom d'Hermès — le grand Révélateur ;
— puis, il y a 31.000 ans, celle de Zoroastre
dans le grand empire Perse ; c'est ce même
grand Etre qui, dans la personne d'Orphée
vint fonder, en Grèce, les Mystères Orphiques
d'où dérivèrent, dans la suite, tous les mystères de la Grèce ; qui parla Soleil dans

l'Inde, Lumière en Egypte, Feu en Perse, Beauté exquise de la musique et du son en Grèce ; qui donna tour à tour à chaque grande nation sa propre religion, édifia dans chacune d'elles les bases de la civilisation à laquelle cette religion devait donner sa couleur et son inspiration.

C'est encore ce même Instructeur Suprême qui, après avoir achevé son œuvre, réapparut une dernière fois en Hindoustan pour y atteindre l'Illumination du Bouddha et qui, après le Bouddhisme, religion qui clôturait l'ancien cycle, laissa à son Successeur la tâche d'en ouvrir un nouveau.

Car, lorsque l'Instructeur du monde a accompli sa mission, qu'Il est revenu maintes et maintes fois pour fonder tour à tour les grandes religions qu'il est dans ses fonctions de révéler, dès lors, lorsqu'un grand cycle s'est écoulé, Il revient pour une dernière fois, dit son dernier mot, atteint l'Illumination finale, puis disparaît de la terre. C'est ainsi que le Bouddhisme fut le point d'aboutissement du cycle de l'antiquité ; dans cette grande religion, le dernier mot du monde antique fut dit et Celui qui avait enseigné, répandu son Illumination, le Christ de ce monde antique, dis-

parut, Son œuvre pour l'humanité étant ache-
vée, Sa tâche accomplie, et Son successeur prêt
à le remplacer.

Alors s'ouvrit un nouveau cycle, une ère
nouvelle de la vie raciale, avec la cinquième
sous-race, la race Teutonique, celle qui domi-
ne aujourd'hui dans le monde ; et c'est alors
qu'apparut le nouveau Bodhisattwa, le nouveau Christ, pour être le fondateur d'une plus
grande civilisation. Il vint chez le peuple Juif
apporter son message et y trouver sa destinée :
être rejeté par ses contemporains et mis à mort
par le peuple au sein duquel il avait pris Son
corps. Il n'en est pas moins vrai que, de cet
échec apparent, s'ensuivit un résultat merveilleux ; que, de la faillite apparente de sa
mission, grandit l'arbre qui couvre aujour-
d'hui de ses rameaux l'Europe et l'Amérique.

Le Christ frappa deux notes d'une importance vitale, toutes les deux étant le point de
départ d'une ère nouvelle et de la ligne qu'il
faudrait suivre quand le temps serait venu.

Toutes les grandes civilisations du passé
avaient été édifiées sur la famille, comme unité. L'Humanité, était-il déclaré dans l'Inde,
consiste dans l'homme, la femme et l'enfant.
Aussi, en se reportant aux anciennes civilisa-

tions, vous verrez que l'individu ne compte comparativement pour rien, que la famille est la base de l'Etat, que l'Etat est édifié par les familles et que le devoir civique est consi·déré comme étant la marque distinctive d'une haute moralité.

Dans l'ère nouvelle la note frappée est celle de l'individu, non de la famille, de sa valeur individuelle, de sa pensée comme être humain isolé, apprenant par lui-même la force et la confiance en soi. L'idée de réincarnation même s'effaça ; l'espoir d'une récompense et la crainte d'un châtiment éternels vinrent encore renforcer considérablement la valeur de la vie présente et l'importance, pour chacun, de faire, en cette unique vie, le salut de son âme. De cette pensée, avec tout ce qui était nécessaire pour sa complète évolution, l'idée de Réincarnation s'étant voilée et ayant été remplacée par celle d'un ciel et d'un enfer éternels, se développa, d'une manière anormale, le sens de l'importance de la vie présente et de la valeur de l'âme individuelle.

C'est justement de cette notion nouvelle, la valeur énorme de l'âme individuelle, que le Christianisme devait avant tout enrichir la pensée humaine. Il en résulta, il est vrai, pour

un temps, du désordre, des dissensions et
presque de l'anarchie, mais cela était nécessaire pour l'avenir de l'humanité, car, avant
d'élever le temple de la Fraternité humaine, il
fallait que chaque pierre individuelle, devant
servir à sa construction, fût dûment taillée,
polie et façonnée. Certes, le travail du ciseau
et du marteau est pénible ; le chantier est
rempli de bruit et de poussière, mais de tout
ce chaos, de tout ce bruit, de tous ces
éclats de pierre sortent les pierres polies de
fortes individualités aptes à synthétiser un
édifice, préparées à s'unir pour former
une vaste Fraternité; car, avant de constituer
une Fraternité, ce sont les Frères qu'il faut
préparer. Ces luttes du passé pour conquérir
l'individualisme étaient nécessaires pour édifier une race plus forte et plus heureuse.

Et aujourd'hui, malgré toutes les luttes d'individualisme ou de peuples, ou de classes, tous,
hommes et femmes, ont enfin perçu la note
frappée jadis par le Christ ; note qui fut perdue aux temps primitifs, mais qui de nouveau
résonne avec plus de force et d'intensité que
jamais.

Il était enseigné que celui qui est le plus
grand est celui qui sert, que la force accom-

plie doit être soumise au service, que la mesure des devoirs est proportionnée à la mesure des droits, et que ceux qui sont les plus élevés doivent être les soutiens de tous. Grâce au Christianisme, la note du sacrifice de *soi* a été frappée comme elle ne l'a jamais été par aucune autre des grandes religions du monde, et si, tout d'abord, elle donna lieu à des troubles entre les individus, elle était cependant le seul moyen d'arriver aux fins cherchées, celles de rendre l'individu propre à aider.

Ainsi donc, de l'enseignement du Christ et du commencement d'un nouveau cycle, est sortie une civilisation nouvelle, une civilisation turbulente et batailleuse, mais dans laquelle une conscience sociale est en train de naître qui a éveillé en l'homme l'idée des devoirs sociaux et de la responsabilité humaine. Et quand l'individualisme aura fait son œuvre, quand il aura accompli son inévitable destinée, le Maître reparaîtra pour montrer comment les pierres doivent être ajustées les unes avec les autres ; le grand Architecte de l'humanité reviendra pour édifier une nouvelle sous-race, et pour fonder une religion universelle. En vérité, Il ne viendra pas pour détruire, mais pour accomplir Sa mission qui est de rassembler

autour de Lui, les nombreuses croyances existant sur la terre ; car le jour est proche où
s'accompliront les paroles qu'Il prononça :
« J'ai encore d'autres brebis qui ne sont pas de
cette bergerie, il faut aussi que je les amène, et
elles entendront ma voix, et elles me suivront,
et il n'y aura qu'un seul troupeau et qu'un seul
berger ». Et ce berger sera le grand Etre, qui
est le Maître des Maîtres, l'Instructeur Suprême, l'Instructeur du monde, qui est à la
tête du Département des Enseignements de la
Hiérarchie Occulte, à la tête de toutes
les religions de la terre, qui répand sur toutes
Son amour et Sa bénédiction et qui les réunira
toutes en une seule.

Mais, j'ai dit aussi qu'il y avait un grand
Département des Lois dans lequel l'Homme
Idéal est le Chef. Ce Département accomplit aussi son œuvre parmi nous simultanément avec l'œuvre plus douce, plus cachée,
plus spirituelle du Christ. Lisez l'histoire de
l'homme, et, en l'étudiant, remarquez comment se développent, de plus en plus, les traits
caractéristiques d'un vaste Plan dans lequel
toutes les races, sous-races et nations, ont chacune la place qui leur est propre, chacune ses
fonctions et ses devoirs. Remontez dans l'his-

toire et voyez les grands changements survenus sur la surface de notre globe.

Rappelez-vous ce que nous disent les naturalistes éminents au sujet d'une époque où le
vaste continent de la Lémurie s'étendait là où
roulent les eaux de l'Océan Pacifique. Remarquez que la science est amenée, de plus en
plus, à admettre qu'autrefois on pouvait se
rendre à pied sec de l'Afrique en Amérique et
qu'un vaste continent s'étendait de l'est à
l'ouest, à la place qu'occupe aujourd'hui
l'Océan Atlantique, et qu'il était habité par une
race puissante et dominatrice qui répandit sa
civilisation sur une grande partie du globe.
Voyez comment, à la naissance de notre grande
race — la race Aryenne — ces deux continents ont disparu, et comment la terre et l'eau
reçurent une nouvelle répartition afin de former une habitation pour la race dirigeante de
cette époque. Jetez un coup d'œil en avant, et
voyez les signes annonçant la reconstruction
d'un nouveau continent, de nouvelles îles surgissant dans le vaste Pacifique, les signes
d'une extraordinaire activité volcanique occupée à préparer les fondations d'un continent
nouveau sur lequel vivra et prospèrera l'humanité quand le continent actuel se sera dé-

sagrégé et aura disparu. Rendez-vous compte aussi que ces transformations survenant sur la surface de la terre se produisent simultanément avec la naissance de types humains différents ; que la Lémurie avait son type propre dont le nègre est aujourd'hui un vestige mélangé ; que l'Atlantide avait aussi sa race particulière, la quatrième, dont on peut retrouver des traces chez les Indiens de l'Amérique du Nord, chez les anciens Egyptiens, et par myriades en Chine et au Japon, car ce sont encore les types de la quatrième race qui sont le plus nombreux sur la terre. Et voyez aussi naître le type dont vous faites partie, le type de la cinquième grande race, la race Aryenne, se propageant sur toutes les parties habitables du globe et se subdivisant en plusieurs sous-races facilement reconnaissables quand elles sont pures ; c'est ainsi que l'on peut distinguer les Celtes des Teutons, les Latins des Scandinaves. Voyez comme cette race s'étend et croît, colonisant et édifiant un immense empire.

Déjà très puissante, elle finira dans quelques siècles par constituer un empire immense, un Empire mondial, le plus vaste qu'on ait jamais vu, s'étendant sur le monde entier, Empire dans lequel ne cessera de croître la puissance et la gloire des nations, et où le groupe merveilleux des magnifiques intelligences qui brillent dans toute race à l'époque de sa plus radieuse splendeur, viendra s'incarner, dans le futur, comme il l'a fait dans le passé, dans la grande sous-race Teutonne lors de son apogée triomphale. Voyez quelle emprise elle exerce sur l'Occident, quel prestige et quelle influente pression elle exerce sur l'Orient ; comprenez que ces tendances à s'étendre sont destinées à réaliser un dessein conçu par le Manou de la race qui dirige et façonne le vaste Empire qui s'élèvera de nouveau. Comprenez encore que toute entreprise lointaine, toute colonisation, toute guerre, concourt à un but défini, et, quand une nation fait incursion chez une autre, l'asservit, cette conquête est utile aux vainqueurs et aux vaincus. Les Grecs, lorsqu'ils conquirent une partie des Indes, y apportèrent leur art qui laissa une empreinte profonde sur l'art hindou, la marque de Grèce, l'art exquis. De même, lorsque les vastes hordes de Mongols descendirent des hauts plateaux de l'Asie Centrale pour envahir l'Inde, ils apportèrent avec eux une forme nouvelle de l'art, et, de ce fait, enrichirent encore le pays conquis. Toutes ces conquêtes alternatives de l'Orient et de l'Occident font partie du grand Plan, et les trésors, qui auraient été enfermés dans les limites étroites d'un seul pays, devinrent le patrimoine d'un plus grand nombre.

Ouvrez les yeux sur de plus larges horizons ; voyez les desseins d'un Plan plus grand, plus vaste ; comprenez qu'une nation n'est d'abord isolée que pour mettre en œuvre quelque chose de valeur pouvant profiter à l'humanité, et ensuite la répandre et la propager afin de porter partout ce qu'elle a élaboré en dedans de ses frontières.

Toutes ces guerres et ces conquêtes, ces luttes entre nations, entre races, font partie du grand Plan ; elles sont dirigées par le Manou qui connaît exactement les besoins de chaque nation, de chaque race, et qui provoque ces mélanges grâce auxquels l'humanité progresse.

Prenez, par exemple, le dernier grand conflit qui a eu lieu en Orient entre la Russie et le Japon ; vous verrez que derrière ces armées deux grands idéals étaient aux prises : l'idéal oriental et l'idéal occidental ; le premier allait perdre trop rapidement son influence du fait qu'il n'était plus suffisamment respecté. Et parce que l'aiguille du balancier, ayant oscillé si souvent entre l'Orient et l'Occident, avait trop longtemps penché en faveur de l'Occident, l'Orient et l'Occident ont été précipités l'un contre l'autre sur ces terribles champs de bataille de l'Asie ; et, pour sauver l'idéal oriental, le conserver dans l'intérêt de l'humanité, la victoire resta à une nation orientale. Il faut donc nous convaincre que partout où il y a conflits, le Manou les dirige ; que partout où il y a des troubles, la main puissante du Seigneur des Hommes prépare l'avenir. Combien terrible serait pour vous la vue d'un glacier tombant du sommet de la montagne et se creusant son chemin le long de ses flancs, ou la vue d'une rivière brisant tous les obstacles qui l'arrêtent pour venir inonder la vallée et détruire sur son passage toute la vie humaine et animale qui s'y trouve. Mais revenez-y quelques siècles plus tard, revenez dans ces parages, lorsqu'un millier d'années se seront écoulées, et cette même vallée que vous aviez laissée ravagée par la chute du glacier resplendira de fleurs et sera couverte de moissons dorées ; vous y verrez les enfants se livrer à de joyeux ébats, et l'homme y vivre heureux. Destruction ne signifie que reconstruction ; la mort ne signifie que vie nouvelle. Grâce aux nombreuses épreuves par lesquelles elle passe, l'humanité s'élève à une stature plus haute et la hiérarchie élabore des plans et dirige leur exécution pour l'ascension finale de tous.

Et en ce moment où nous sommes en pleine tempête, où la lutte des classes, — plus terrible que la guerre entre nations — désole notre pays et jette la crainte dans le cœur des hommes ; en ce moment où il semble qu'aucune issue, aucun remède ne soit possible puisque l'ancienne civilisation s'effondre avant que la nouvelle ne semble se dessiner, rappelez-vous les paroles du Christ : « Que votre cœur ne soit pas troublé », car les angoisses du présent sont la promesse d'un bonheur futur. Tout est pour le mieux là où la Hiérarchie Occulte, issue de notre chair et de notre sang, se cache derrière les volontés belliqueuses des hommes, et fait servir le mal à la réalisation du bien.

Je voudrais donc vous laisser, non sur une parole d'espoir, mais de certitude, non pas dubitative, mais d'une ferme confiance. Là où le Christ est l'Instructeur, où l'Homme Idéal est le Régisseur, tout est pour le mieux dans un monde qu'Ils aiment et dont Ils se sont institués les Gardiens et les Guides. Si des fondations s'effondrent autour de nous, c'est seulement pour que d'autres plus solides soient établies à leur place ; si des monuments s'écroulent c'est qu'ils sont désuètes et parce que d'autres temples plus beaux doivent s'élever sur leurs ruines.

Le désespoir ne peut régner dans une race qui a produit un Christ et un Bouddha. Le désespoir ne peut avoir de place dans une humanité où l'homme peut aspirer, toujours et partout à devenir un Dieu.

V

Pourquoi nous croyons à la venue d'un Instructeur du monde [1]

Ceux d'entre vous qui prêtent attention aux faits et rapports exposés dans la presse, venant de différents pays, dans les sermons donnés dans les Eglises anglicanes aussi bien que par les pasteurs *Non conformistes*, ont pu remarquer que des allusions réitérées ont été faites au sujet de certains enseignements annonçant l'avènement d'un Instructeur du Monde, enseignements que l'on a pu entendre dans les Conférences Théosophiques et lire dans les Revues Théosophiques. Lorsqu'il y a quelques années, cette idée fut émise, on n'y prêta tout d'abord que peu d'attention ; peu à peu, cependant, elle s'est propagée à un point tel qu'aujourd'hui, on ne peut plus dire qu'elle est confinée au seul milieu Théosophique ; en effet, de tous côtés

[1] *Conférence faite à Edimbourg.*

il semble que l'on attende la venue d'un grand
Instructeur dans le monde. Quelques hommes
éminents dans les Eglises ont proclamé leur
croyance dans cet avènement. D'un pays à l'autre, cette idée chemine et revient vers la nôtre ;
aussi, nous semble-t-il être de notre devoir, à
nous qui sommes responsables, en quelque
sorte, d'avoir répandu cette idée dans le public,
d'exposer les raisons sur lesquelles nous nous
sommes appuyés pour croire à la venue d'un
Instructeur du monde. Je voudrais ce soir, si
je le puis, émettre certaines idées qui prouvent
qu'une telle conviction est rationnelle, vous
faire connaître les raisons qui nous ont incités,
moi et nombre d'autres,à penser que cet avénement était probable, et vous laisser ensuite juger par vous-mêmes de la valeur de nos arguments et de la logique de toute notre conception. Je veux tout au moins vous exposer les
bases sur lesquelles nous avons établi cette conception en vous laissant la faculté de décider si
elles sont stables ou non. Avant tout, je dois
vous rappeler qu'au cours du siècle dernier, et
dans le sein de certaines petites sectes de la
communauté chrétienne, il fut grandement
question de ce qu'on appelait alors le second
avènement du Christ. Cette idée fut même as-

sez familière vers le milieu du siècle dernier,
bien qu'elle parut ridicule, au lieu d'être acceptée largement. Elle fut alors mise en avant
d'après certaines lignes traditionnelles et se
trouva ainsi complètement en désaccord avec le
progrès normal du monde. On supposait que
cet avénement entraînerait avec lui la fin du
monde. On croyait que le Christ, qui était venu
une première fois pour racheter le monde, devait revenir une seconde fois pour le juger, et
un nombre considérable de gens — bien qu'ils
ne fussent réellement qu'une minorité — cru-
rent que le temps était venu où les prophéties
devaient s'accomplir.

La secte tout entière des *Irvingites*, par exemple, soutenait d'une façon très précise l'idée
d'un second avénement du Christ. Divers grou-
pements s'établirent dans le sein des Eglises en
affirmant leur croyance dans un tel retour ; on
rencontre encore, dans certaines communautés
Chrétiennes, nombre de personnes qui soutiennent l'idée du retour du Christ, retour qui,
d'après elles, entraînera la fin de notre monde.

Or, à l'époque où ces déclarations furent faites, il fut dit que si on consultait les versets
cités dans le Nouveau Testament, et qu'on les
lût dans le Grec original, on n'y trouverait rien

qui se rapportât à la fin du monde, mais bien plutôt à la fin d'un cycle ou d'une période. Cette idée que le monde comporte différents cycles par lesquels il doit passer, est depuis bien longtemps familière en Orient parmi les Hindous et les Bouddhistes. Elle pénétra en Occident et se trouvait chez les Grecs et les Romains ; aussi, la conception de la fin d'un cycle, d'une période du monde, s'infiltra-t-elle dans le Nouveau Testament, ainsi que l'ont indiqué maintes fois certains étudiants et elle fut rattachée à l'enseignement du retour du Christ.

La traduction du Nouveau Testament s'étant largement répandue et peu de personnes connaissant le texte Grec original, cette idée de la destruction du monde se propage dont largement, ainsi que vous le savez, dans la chrétienté.

Mais, de nos jours, elle trouva bien peu de créance, cette idée étant, comme je l'ai déjà dit, bien trop en désaccord avec la manière courante de penser ; pour être acceptée par la majorité des hommes, quelque réfléchis qu'ils soient, ils ne peuvent admettre volontiers cette notion d'une fin subite de toutes les activités d'un monde dans lequel ils vivent.Les choses en restèrent donc là,jusqu'au jour où une conception nouvelle, concernant les rapports de grands Instructeurs avec le monde, commença à se répandre graduellement parmi les penseurs.

La conception Théosophique, telle qu'elle est présentée à ceux qui pensent, considère la venue d'Instructeurs du Monde comme étant un fait normal et non anormal ; fait soumis à une certaine loi définie et sans solution de continuité, faisant partie du plan divin travaillant dans l'évolution humaine. Ces Instructeurs forment une longue succession, apparaissent à des intervalles définis, sont accompagnés de signes particuliers que l'on retrouve aux époques auxquelles ils viennent. Les Théosophes, en parcourant l'histoire des grandes religions du monde, ont constaté que chacune d'elles a eu, comme Fondateur, un de ces grands Instructeurs ; que, quel que soit le moment où, dans le passé, vous portiez vos recherches, une figure merveilleuse apparaît toujours au début d'une ère nouvelle, soit dans le domaine religieux, soit dans la civilisation ; on peut ainsi retracer une suite définie, reconnaître toute une succession, très facile à comprendre, de religions naissant l'une après l'autre dans le monde, quand la civilisation ou la religion précédente commence à montrer des signes de décadence et ne peut plus s'adapter d'une façon parfaite aux conditions du moment. En se reportant donc à la longue histoire du monde, on a pu remarquer toute une suite de cycles dont le début est marqué par l'apparition d'un Instructeur du monde, sous l'influence duquel l'évolution humaine fait un pas de plus en avant ; sous l'influence duquel aussi une nouvelle civilisation a surgi, incarnant un principe bien déterminé qui vient l'aider à évoluer sur une ligne bien définie. Non seulement, chaque religion naissante marque un pas en avant pour l'évolution humaine, mais elle apporte aussi une caractéristique spéciale dont profite l'humanité, caractéristique à laquelle la religion précédente n'avait pas attaché une importance aussi grande. Et ainsi, graduellement, se forma une conception de la religion et de la civilisation que l'on peut esquisser brièvement de la façon suivante : l'humanité avait nombre de leçons à apprendre, nombre de qualités diverses à développer ; ces leçons et ces qualités ont été mises en lumière par des religions spéciales qui ont été adaptées pour renforcer certains enseignements particuliers ; les enseignements se trouvaient alors incorporés dans les civilisations ; l'humanité ayant ainsi appris les leçons, ayant développé en elle les qualités importées par les civilisations, subit un progrès graduel avec des qualités de plus en plus grandes et apprend l'une après l'autre, les leçons nécessaires, enseignées et incorporées dans les religions par les Instructeurs du monde.

Et ainsi, en étudiant l'histoire du monde, cette idée se dégage de plus en plus nettement.

Permettez-moi d'aborder très rapidement, quelques points touchant les civilisations et les religions nouvelles, lesquels pourront vous aider à comprendre la théorie que je viens d'exposer.

Il n'est point besoin pour cela de remonter plus loin que le début de la grande race Aryenne dont nous sommes tous les rejetons. Vous trouverez dans le premier de ses rameaux, celui où se développa la grande religion Hindoue, vous trouverez, dans l'Hindouisme, avec son instructeur et son guide, certains points qui se dégagent d'une façon nette et précise comme ayant été, pour ainsi dire, la contribution apportée par la religion hindoue à la grande religion universelle. Vous y trouverez l'idée de l'immanence de Dieu, et, découlant de celle-ci, l'idée de devoir, puis, de cette idée de devoir et d'obligation, la nécessité de reconnaître l'unité de l'homme.

Ces enseignements se dégagent avec une telle clarté et dominent tellement l'Hindouisme qu'un grand missionnaire comme le Dr Millar, un de vos compatriotes, a pu dire comme résultat de son œuvre, de ses études et de son activité, dans l'Inde, au cours de longues années, que l'Hindouisme a donné au monde deux doctrines d'une importance capitale : l'immanence de Dieu et le sentiment de solidarité entre les hommes.

Après l'Hindouisme, prenons le grand Instructeur suivant et son œuvre. Cette œuvre appartient à ce que nous appelons la seconde grande migration aryenne, qui, de sa propre patrie, s'étendit jusqu'à la civilisation égyptienne.

Le nom de Thoth — qui, en Grec, se transforme en celui d'Hermès, — est le nom de l'Instructeur qui vint dans cette partie du monde. Son enseignement fut celui de la science ; Il fonda la religion Egyptienne sur les investigations profondes de la Nature et la maîtrise des pouvoirs naturels ; la contribution offerte par l'Egypte à l'évolution du monde consiste donc dans la valeur de la science et de la connaissance du monde physique.

Passons maintenant à la troisième grande migration, celle-là même qui édifia la Perse. Là, nous trouvons, comme Instructeur du monde, le prophète Zoroastre, fondant une civilisation dont la note dominante fut la pureté. « Pureté de pensée, pureté de parole, pureté d'action » — telle est la phrase que répète tout Zoroastrien en se levant chaque matin ; cette recherche de la pureté est la caractéristique principale de la religion de Zoroastre.

De la Perse, en nous avançant vers l'Occident, passons en Grèce, et nous y trouverons le grand Instructeur apparaissant sous le nom d'Orphée. La note dominante de la religion et de la civilisation grecques fut la Beauté ; c'est ce culte rendu à la Beauté, la recherche de tout ce qui était beau qui rendit la Grèce si puissante entre toutes les civilisations antiques de notre monde.

Si, de la Grèce, nous allons à Rome, c'est une idée toute autre qui prédomine. Là, c'est l'idée de la Loi — le devoir du citoyen envers la communauté.

Si nous prenons la religion du Seigneur Bouddha, si largement répandue en Orient, nous y trouvons comme idée principale, celle de la connaissance directe de la sagesse de l'homme apprenant à vivre et cherchant à comprendre toutes choses.

Lorsque nous en arrivons au Christianisme à cette religion sur laquelle fut fondée la civilisation de la chrétienté, deux notes principales y sont frappées, l'une dérivant naturellement de l'autre. La première est celle de la valeur de l'individu. Vous remarquerez que le Christianisme, ce qui n'existe pas dans l'histoire primitive des religions, il insiste surtout sur la valeur très grande de l'individu et qu'il cherche à développer l'idée de l'individualité. Puis, en plus de cette idée, nous pouvons voir, plutôt par l'exemple si parfait que par les préceptes, qu'une fois les pouvoirs acquis, ceux-ci doivent être employés pour le service ; que, lorsque la grandeur a été une fois atteinte, le plus haut idéal à réaliser est celui de servir. Et ainsi, la notion de l'esprit de sacrifice personnel surgit ; telle fut la contribution si importante qu'apporta le Christianisme à l'histoire des religions : l'homme, en se rendant compte de sa valeur en tant qu'individu, doit désormais se consacrer au service, et la mesure de ses pouvoirs doit être en rapport avec la mesure de ses devoirs.

Ainsi, en jetant les yeux sur ces grands Instructeurs et sur les religions qu'ils fondèrent, on constate que de tout cet ensemble résonne un accord bien défini, chaque note ayant sa place propre, sa valeur propre ; que l'idée d'une succession d'Instructeurs du Monde opposée à celle d'après laquelle un Instructeur ne se serait manifesté qu'une fois pour toutes, pour ne plus revenir que comme Juge, cette idée plus large d'une grande série d'Instructeurs, de religions et de civilisations, commence aujourd'hui à pénétrer dans l'esprit des hommes qui finissent par comprendre que ce qui eut lieu autrefois peut encore se reproduire ; et dès lors qu'il y eut des Instructeurs dans le passé, chacun d'eux ayant eu son œuvre particulière et fondé une civilisation devant reposer sur cette œuvre, il est, par conséquent, assez logique de concevoir qu'un autre puisse venir s'ajouter cette longue succession d'Instructeurs du Monde ; il est logique de penser que cet autre puisse venir faire dans notre monde actuel ce que les Instructeurs du passé ont fait pour le monde de leur époque, c'est-à-dire : frapper une nouvelle note dans le grand concert de l'humanité, apporter une nouvelle inspiration, afin qu'un pas en avant puisse encore être franchi, poser un nouvel idéal sur lequel se modèlera une nouvelle civilisation. Les leçons de compétition du passé, ayant été apprises et ayant développé une individualité puissante, l'idée de coopération fraternelle en découlera naturellement et le bien commun sera l'objectif de chacun ; le principe — principe qui commence à être appliqué ici et là parmi nous, — se posera que, dans toute société bien organisée, celle-ci doit assurer à chacun de ses enfants un minimum de bien-être, et que toute société qui manque à ce devoir, manque au but principal pour lequel elle a été constituée. Un nouveau point de départ sera probablement donné par la nouvelle conscience sociale qui commence à se développer de nos jours, et ensuite par l'avènement d'un grand Instructeur qui incarnera, par les préceptes et par l'exemple, cette nouvelle conception de l'homme, et rendra possible, si nous suivons ses préceptes, de fonder une civilisation plus élevée, plus noble, plus fraternelle, qu'aucune de celles que le monde ait jamais vue.

Il n'y a certainement rien là qui puisse révolter le sens commun des hommes. Cette idée d'un nouvel Instructeur ne fait que suivre la ligne historique ; elle ne fait que suggérer la répétition de ce qui s'est produit maintes et maintes fois dans le passé de notre Globe. Quand nous nous serons rendu compte que la chose n'est vraiment pas invraisemblable, quand nous aurons compris que, de temps à autre, un grand Fils du Père universel apparaît pour donner aux enfants plus jeunes une leçon qui les aidera dans leur éducation, alors, tout naturellement nos pensées se tourneront vers un autre point.

En admettant, me direz-vous, que de grands Instructeurs viennent de temps à autre, que cette succession peut être retracée dans l'histoire, qu'y a-t-il dans l'état actuel des choses qui puisse vous faire penser qu'un cycle touche à sa fin et qu'un autre commence ? Qu'y a-t-il dans les conditions du monde qui puisse justifier d'une façon quelconque la croyance que vous manifestez que nous sommes arrivés à un point où un autre Instructeur doit apparaître au monde ? Ce sont là les questions auxquelles il nous faut maintenant répondre.

Permettez-moi de vous exposer les nombreuses raisons qui rendent probable l'idée que le monde touche à l'une de ces périodes de transition qui marquent le passage d'une civilisation à une autre, qui exigent un nouveau point de départ, parce que l'ancien paraît être arrivé à la limite de son utilité et que, le long des diverses lignes des activités humaines, un état de choses s'est produit qui fait qu'il est impossible d'aller plus loin. et que, par conséquent, cet état de choses exige, impérieusement, un nouveau point de départ sur une nouvelle ligne d'activité.

On a remarqué dans le passé, en ce qui concerne ces grands changements, que la surface de notre globe subit certaines transformations dans la distribution de la terre et de l'eau, et que ces transformations coïncident avec la naissance d'un nouveau type humain duquel sortiront divers sous-types. Peut-être me sera-t-il permis d'introduire ici la conception Théosophique sur l'évolution humaine et qui est celle-ci : des grandes races se succèdent et évoluent dans notre monde ; chaque grande race comporte diverses subdivisions que nous appelons des sous-races, chacune d'entre ces dernières se distingue des autres par le chiffre qui indique l'ordre de son apparition : première, seconde, troisième, quatrième, cinquième, etc..., c'est dans l'une de ces sous-races qu'est choisie la racine de la race-mère à venir qui porte alors le même chiffre que la sous-race d'où elle est issue dans la race-mère précédente.

C'est ainsi, que, s'il s'agit de la troisième race-mère, la quatrième race-mère prendra racine et se développera dans la quatrième sous-race de la troisième race-mère. La cinquième race-mère, qui est celle à laquelle nous appartenons, est issue de la cinquième sous-race de la quatrième race-racine. Par analogie, la prochaine race-racine se développera dans la sixième sous-race de notre race Aryenne ou cinquième race-mère. Que ceci soit, pour un instant, bien gravé dans votre esprit, afin de bien comprendre toute la portée de ce que je désire vous exposer au sujet de certains faits physiques. Ces grandes races-racines possèdent chacune un continent qui leur est propre. Si vous avez étudié les ouvrages du grand naturaliste allemand Haeckel, vous avez pu voir qu'il y est dit que la race humaine prit naissance sur un Continent appelé la Lémurie, continent submergé aujourd'hui dans l'Océan Pacifique, si bien qu'il n'y a plus que de l'eau, là où il y avait autrefois une terre. En même temps que disparaissait ce Continent, un autre surgissait, l'Atlantide, sur lequel naquit et vécut la quatrième grande race qui peupla toute la surface du monde de cette époque. La cinquième race, qui est la nôtre, a, comme habitation, les continents qui existent actuellement sur notre Globe ; l'Océan Pacifique recouvrant le lieu où se trouvait la Lémurie, et l'Océan Atlantique celui où se trouvait l'Atlantide.

Or, dans les livres Hindous, vous pouvez voir la succession — certains d'entre eux appelés les *Puranas* donnent cette succession — des sept continents sur lesquels, y est-il dit, les sept grandes races humaines ont vécu ou vivront dans la suite.

Ils indiquent ceux sur lesquels nous avons déjà vécu et qui ont disparu, et ceux qui existent aujourd'hui ; mais, en dehors de ceux-ci, ils parlent aussi de deux autres dont l'un doit s'élever graduellement et servir d'habitat à la sixième race-racine, l'autre surgira et sera l'habitat de la septième race.

Or, de nos jours, il y a, de par le monde, des signes qui indiquent qu'un nouveau Continent commence à émerger de l'Océan Pacifique.Cette déclaration n'émane pas des enseignements théosophiques, mais bien des observations faites par les géologues. En effet, si vous examinez les gravures de vos journaux et de vos revues, vous avez dû remarquer, de temps à autre, au cours des dernières années, des illustrations représentant de nouvelles îles apparaissant les unes après les autres. Ces îles qui émergent ainsi, proviennent de ce que l'on appelle l'Anneau de Feu du Pacifique. C'est une grande surface agitée par des tremblements de terre et des éruptions volcaniques, et ces îles ne sont que des projections volcaniques. Pour l'instant, elles sont naturellement stériles, couvertes de rochers et désertes, projetées au milieu de l'Océan et y apparaissant comme terres. C'est donc un fait qui se produit de nos jours, une île nouvelle émergeant de temps à autre, et les géologues nous disent que si cela continue, un nouveau Continent s'élèvera là où l'Océan Pacifique roule ses eaux. Il leur a été demandé si ces émergences présentaient quelque danger pour notre terre ; d'aucuns ont répondu que, dans le cas où elles se produiraient brusquement, elles seraient funestes à toute la vie existant déjà sur notre Globe. Mais, du point de vue Théosophique, aucun danger n'est à craindre. Le fait s'est produit autrefois et se produira encore ; et ce phénomène s'effectuera si lentement si graduellement que, bien qu'il puisse se pro-

duire des catastrophes et des cataclysmes lo-
caux, il n'y a aucun danger réel que le monde
tout entier vienne à s'effondrer.

Or, le fait de voir un Continent commencer à
paraître et dont l'édification demandera des
centaines de mille d'années, est la première indication qu'un grand changement doit s'opérer
dans la race humaine — une autre race devant
naître pour habiter ce Continent lorsqu'il sera
préparé pour cela. Mais, dès que nous voyons
des signes annonçant qu'un nouveau Continent
est en formation, la question suivante se pose
naturellement à l'esprit : « Mais alors, que deviendra notre cinquième race ? Seules, jusqu'ici,
cinq branches de celle-ci sont apparues, et une
autre doit apparaître avant que nous n'ayons
les matériaux propres à construire la nouvelle
race-racine et au moyen desquels elle doit se
développer ; aussi l'esprit de l'étudiant se tour-
ne-t-il vers la terre, telle qu'elle est actuellement, pour voir s'il ne découvrira pas des signes annonçant la naissance d'une nouvelle
branche de la cinquième grande race-racine,
et se demande aussi s'il n'y a pas quelque part
une nouvelle sous-race pouvant se distinguer
de celle au sein de laquelle elle prend naissance ?

La réponse à cette question nous est donnée par l'Amérique. Le Bureau d'Ethnologie de ce pays, a reçu récemment plusieurs rapports émanant d'Ethnologues Américains qui déclarent, d'une façon bien précise et très claire, qu'un nouveau type d'homme, différent de tous ceux existant aujourd'hui, commence à se manifester lentement dans les Etas-Unis d'Amérique. Ils donnent les dimensions de la tête et de la face de ce type, en décrivent les traits — une nouvelle race, ainsi que nous l'appelons, une subdivision aussi différente du Teuton que le Teuton l'est du Celte. On peut, par exemple, immédiatement voir la différence qui existe entre l'homme de descendance latine pure : l'Italien et l'Espagnol, et l'homme de la race germanique ; différence dans la stature, dans le teint, aussi bien que dans les facultés mentales. Il est facile de distinguer la différence entre le type défini du Teuton et le type défini du Celte, on sait qu'ils diffèrent, tant au point de vue émotionnel et mental que dans leurs formes physiques. Or, un nouveau type de ce genre se développe chez nos cousins américains, un type si nettement caractérisé, que quiconque se rend en Amérique, après un intervalle de quelques années, est frappé de l'accroissement de ce nouveau type visible à l'observation ordinaire de quiconque visite le pays; un type tellement distinct qu'on le reconnaît de suite comme étant différent de ceux que l'on connaît — d'une intelligence très vive et d'une grande volonté à en juger par la forme de la mâchoire, mais un type incontestablement différent de tous ceux que l'on connaît. Nous qui étudions le passé et qui, par suite de ces études, pouvons, dans une certaine mesure et par analogie, prévoir l'avenir, nous disons que ces signes d'un nouveau type se montrent décidément de l'autre côté de l'Océan Atlantique, que les matériaux du sein desquels évoluera la grande race de l'avenir sont déjà en formation dans ce pays ; que cette sous-race croîtra et se multipliera ; que le type s'accentuera de plus en plus et que, lorsqu'il sera arrivé, après des siècles d'évolution, à former un type particulier et une civilisation absolument nouvelle, commencera la croissance plus vaste d'un type devant subsister des dizaines de mille d'années avant qu'il soit définitivement établi.

En considérant ces faits purement physiques, et en essayant de les comprendre comme étant les signes de la ligne sur laquelle l'humanité devra évoluer, nous nous rappellerons que, quelle que soit l'époque à laquelle une nouvelle sous-race a fait son apparition, un nouveau grand Instructeur s'est manifesté pour l'aider à poursuivre sa route. Nous trouvons là une des raisons les plus importantes pour prévoir l'avénement d'un grand Instructeur dans une période de temps relativement courte, pour dire, qu'un nouveau type est en formation et que, dans le passé, ce fait a toujours été accompagné de la venue d'un Instructeur du Monde. Est-il possible, en parcourant l'histoire de notre grande race, de constater que le grand Instructeur est apparu avec chacun de ces rejetons, de ces avatars, que nous pouvons retracer dans l'histoire du passé,que, lorsqu'un nouvel avenir se dessine devant nous par le développement d'un nouveau type, est-il possible que la série des Instructeurs soit interrompue et qu'un type soit laissé, pour la première fois, sans guide, sans qu'il soit dirigé dans ses aspirations spirituelles, sans que personne ne vienne poser les bases de la civilisation qu'il est destiné à fonder ? Et nous mettons cela de côté comme étant une des preuves — une preuve très importante, — si nous voulons bien comprendre qu'elle repose sur des faits physiques que chacun peut juger par soi-même.

Et nous cherchons encore autour de nous s'il n'y a pas d'autres raisons pouvant justifier notre croyance à l'avénement d'un Instructeur du monde.

Ce que nous constatons ensuite, c'est qu'aujourd'hui, comme au temps où le Christ vint sur la terre, nous nous trouvons en présence d'une grande civilisation qui est devenue puissante, riche, qui exerce une forte domination, mais qui s'avance accompagnée d'une somme considérable de misère et de souffrance. Si elle est, d'un côté, incontestablement magnifique, elle n'en est pas moins, de l'autre côté, incontestablement misérable, opprimée et écrasée. Comment notre civilisation pourrait-elle continuer à progresser dans l'état actuel des choses ? Considérez les conditions sociales telles qu'elles existent aujourd'hui.

Rendez-vous compte de l'agitation terrible qui fermente dans toutes les nations du monde civilisé. Vous ne pouvez ouvrir un journal sans y voir à chaque page des allusions aux troubles qui surgissent de toutes parts dans le domaine du travail manuel : « L'agitation chez les ouvriers », « Les grèves en Allemagne », les grèves prévues en Amérique, puis les grèves qui menacent une autre partie quelconque du monde, sans parler des conditions terribles qui régnent ici où l'industrie est paralysée, où des millions d'individus sont à la veille d'être réduits à la famine par les luttes terribles du travail qui désolent aujourd'hui notre pays.

Rappelez-vous ce qui s'est passé l'année dernière avec la grève du personnel des Chemins de fer ; le soi-disant arrangement pris avec ces ouvriers n'a marché d'une façon satisfaisante que pendant douze mois. Ces troubles répétés, ces guerres affreuses — car ce ne sont somme toute que des guerres, — tout cela ne peut continuer sans réduire en pièces le corps politique. Il est impossible que de telles convulsions se produisent dans les groupes de travailleurs sans faire réfléchir les hommes sérieux et les amener à considérer la question sous un nouveau point de vue, sans les amener à une réorganisation, à des modifications dans un système qui, d'une façon palpable, se désagrège devant nos yeux. Il nous vient d'Amérique, là où justement commence à naître notre nouvelle sous-race, une indication curieuse quant à la possibilité d'une organisation de l'industrie qui, bien que basée, pour l'instant, sur des théories absolument anti-sociales,

renferme néanmoins la possibilité de devenir
plus tard une organisation pouvant être utile à
la société. Je veux parler de cette floraison du
système de compétition en trusts au moyen desquels la concurrence est en grande partie détruite, et le commerce organisé sur une grande
échelle — système qui actuellement ne réussit
qu'à faire bénéficier le petit nombre de ceux qui
en ont le contrôle, — mais qus indique la méthode à suivre pour que le bénéfice soit pour
tous et non seulement pour quelques-uns ; et là
où nous voyons cette méthode mise en vigueur
— cette terrible impasse, expression dont je me
servis, il y a deux ou trois ans, pour la dési-
gner — quand nous constatons que l'industrie
s'achemine sur une voie où un progrès ultérieur
n'est plus possible, alors nous commençons à
comprendre et à sentir le besoin d'une organisation nouvelle de la civilisation, d'un nouveau type, et cela s'accorde exactement avec la
naissance d'une nouvelle sous-race et exige,
ainsi qu'en témoignent tous les faits du passé,
l'avénement d'un Instructeur du Monde.

Ce n'est pas seulement dans le monde des
travailleurs que cette impasse peut être obser-
vée. Dans le domaine de la pensée et des activités humaines, un même sentiment existe, le

sentiment que nos vieilles méthodes sont tombées en désuétude et qu'il faut un nouveau
point de départ si nous voulons que les progrès ne s'arrêtent pas. Elle se voit aussi, cette
impasse, dans le domaine des Arts où le vieil
idéal tend à s'éteindre et où des tentatives sont
faites pour donner naissance à des formes nouvelles de l'art, à de nouvelles conceptions du
beau pouvant satisfaire les aspirations toujours
croissantes de l'homme. Et ce n'est pas seulement dans le monde de l'industrie et des arts
qu'existe cette impasse, mais aussi dans le
monde scientifique; là aussi, on sent qu'un nouveau point de départ est nécessaire parce que
les vieilles méthodes étant usées, aucun progrès ultérieur n'est possible. C'est donc la fin
dans toutes les directions. Mais là où il y a
une fin, il y a aussi un commencement. Car la
race humaine n'a pas encore atteint son apogée ; l'humanité n'a pas encore accompli sa
vaste évolution.

Si certaines choses se fanent, c'est que d'autres sont prêtes à s'épanouir ; si certaines choses disparaissent, c'est que de nouvelles vont
apparaître. C'est cette fameuse parole que l'on
trouve dans l'Evangile « Regardez ! Je crée un
nouveau Ciel et une nouvelle Terre » qui reten-

tit du sein des choses de notre monde touchant
à leur fin ; car la vie est éternelle bien que les
formes périssent et tombent en décrépitude.
Ayant constaté que tout cela s'est produit si souvent dans le passé, nous ne pouvons faire autrement que de reconnaître les mêmes signes dans
le présent, de voir que notre grande civilisation
— car elle est grande — n'en montre pas moins
qu'elle a achevé son œuvre. Et c'est là
encore une des raisons qui nous font croire
à la venue d'un Instructeur ; du fait que dans
le passé ces signes d'achèvement ont annoncé
sa venue, nous pouvons, par conséquent, les
considérer encore comme annonçant son prochain avènement.

Il est aussi une autre raison beaucoup plus
puissante que vous ne pourriez le penser au
premier abord ; c'est l'attente toujours croissante, et le sentiment qui tend à faire croire
que le monde a besoin d'un Instructeur. Cette
attente générale se fit sentir avant la venue du
Christ. Vous en trouvez des traces, non seulement dans les prophéties faites au peuple Hébreu, mais aussi dans celles de bien d'autres nations. Cette attente, on la retrouve aussi dans
l'Empire Romain avant la venue du Christ —
et, naturellement, chez le peuple Juif qui at-

tendait un Messie dans l'espoir que celui-ci con-
querrait l'Empire Romain et régnerait ainsi
sur leur nation.

Il y a encore une autre raison pour laquelle
une attente de ce genre doit se répandre largement dans le monde avant qu'un événement
de grande importance se produise ; raison que
voici : la pensée précède toujours l'action, et les
pensées générées dans les mondes supérieurs
se traduisent ici-bas par une attente, une espé-
rance. Les pensées créées par les Etres Spirituels qui guident notre monde, qui tissent les
destinées des nations, qui exécutent le plan
Divin de l'évolution et dirigent les grandes forces du monde dans des canaux spécialement
préparés pour les recevoir et qui apportent ainsi
de nouvelles conditions sur la terre, les pensées
de ces grands Etres arrivent, au moment
des périodes de transition, imprégnées de
l'idée qu'un Instructeur du Monde doit apparaître, ces Grands Etres étant tout spécialement chargés de préparer cet avènement dans
le monde superphysique. L'ensemble gigantes-
que de toutes ces formes-pensées, ainsi que nous
les appelons, sont projetées dans l'atmosphère
terrestre, et génèrent, dans l'esprit des hommes,
un sentiment d'attente qui se propage d'une

façon extraordinaire et qui n'est que la promesse d'un événement devant s'accomplir à brève échéance. Le proverbe : « Les événements à venir projettent leur ombre avant leur réalisation » contient une grande vérité, car les événements existent dans le monde mental avant d'avoir leur effet dans le monde de matière. Les pensées sont générées avant l'action, si bien que la pensée de l'événement est une prophétie concernant l'événement à venir. Ainsi donc, quand vous constaterez qu'un sentiment d'attente se manifeste partout, vous pouvez être sûrs qu'une réalité existe déjà dans les mondes supérieurs, réalité dont l'attente n'est ici-bas que la manifestation. Cette attente, qui se propage aujourd'hui dans le sein de toutes les grandes religions du monde, dans toutes les organisations d'ordre religieux, est littéralement une prophétie de l'événement qui doit trouver sa réalisation, pensée qui, comme un héraut, vient annoncer la venue de l'Instructeur et préparer sa voie.

Cet avènement d'un Instructeur n'est pas seulement un désir manifesté par le monde, mais une nécessité pour le monde. Cette conception, toutefois, ne peut émouvoir que ceux qui croient que le monde est guidé, aidé, protégé par des puissances supérieures à l'humanité, par des Etres plus élevés que nous ; qui considèrent le monde comme un vaste champ d'évolution où les Esprits doivent accomplir leur développement, et qui n'existe que pour cette raison même ; qui sont convaincus que le monde est régi par un Architecte auguste qui élabore des plans en vue des progrès de l'humanité, et que ces plans sont mis à exécution par Ses agents, Ses subordonnés qui, eux, construisent lentement, stade après stade, selon les données du plan qu'Il a indiqué et conçu.

Ceux-là alors, en constatant les besoins si grands du monde actuel, sentent qu'il faut qu'un Maître vienne proclamer et apporter l'aide dont le monde ressent si profondément la nécessité pressante. Ces problèmes sociaux dont je vous ai parlé désignent clairement ce dont notre humanité a besoin. Nous avons besoin d'un guide, d'un guide plus élevé qu'aucun de nous, guide, qui, en face des grands problèmes insolubles pour nous, nous indiquera la voie que nous devons suivre pour les résoudre, et qui, pour nous préserver de la confusion qui règne dans la vie terrestre, appliquera ces vérités fondamentales de la morale, vérités immuables et éternelles qui n'ont jamais encore été entièrement appliquées à la société ni aux organisations humaines d'après les principes posés par cette morale. Les grands Instructeurs ont tous parlé le même langage. Tous nous ont dit : « Aimez-vous les uns les autres ». Tous nous ont déclaré que la haine ne s'éteint jamais par la haine mais par l'amour ; et pourtant, bien que cet enseignement ait été donné, il y a de cela vingt-cinq siècles par le Seigneur Bouddha, bien que le Christ, dans son admirable sermon sur la Montagne, ait particulièrement insisté sur cet enseignement dans des termes qui vous sont familiers à tous, pouvons-nous trouver une seule nation qui mette ces principes en pratique, une seule organisation qui soit fondée sur cette loi morale ? Telle est la chose essentielle dont le besoin se fait sentir si grandement de nos jours. Nous connaissons les principes, mais nous ne savons pas comment les appliquer. Nous nous rendons bien compte que l'amour devrait être la base de notre Union Sociale ; mais nous savons que cela n'existe pas, que les rivalités, les compétitions et les luttes, sont les principes sur lesquels notre Société a été cons-tituée ; c'est pourquoi il importe que quelqu'un vienne nous parler avec une autorité qui impressionne de suite et nos cœurs et nos cerveaux, et qui nous oriente dans cette voie meilleure de la Fraternité qui a été prêchée depuis des siècles et des siècles, mais qui n'a jamais été pratiquée, qui a été réalisée comme un devoir dans le sein de la famille, mais qui ne l'a pas été également dans l'Etat. Nous avons besoin d'une inspiration nouvelle qui tende à nous faire accepter volontiers de travailler dans ce sens, qui nous inculque cette foi qui nous rendra capables de surmonter toutes les difficultés amoncelées sur notre route et de nous hasarder à faire des efforts en vue d'appliquer ces principes dans la conduite des nations aussi bien que dans celle des individus.

J'admets, certes, qu'il y a, dans chaque nation, de nombreux individus qui s'efforcent de conformer leurs vies à ces préceptes éternels ; mais il n'y a pas un seul peuple qui, en tant que nation, paraisse les mettre en pratique, qui, tout en prétendant les reconnaître comme justes, ne leur donne un démenti par toutes les institutions qu'il organise pour se défendre et pour attaquer les nations sœurs et dont toutes les classes ne négligent pas d'appliquer les principes qu'ils reconnaissent en paroles. Nous avons donc besoin d'un grand Instructeur, non pas tant pour qu'il nous apporte de nouvelles vérités que pour insuffler en nous l'inspiration qui nous permettra de mettre en pratique les vieilles vérités et de les appliquer dans notre vie ; et quand Il viendra, pour nous instruire et nous inspirer, il ne faut pas nous attendre à ce qu'il fasse tout notre travail, ce qui enlèverait toute valeur à l'action de s'entraîner et d'acquérir la connaissance ; il nous indiquera plutôt la bonne voie, Il nous y conduira, de façon à ce que nous puissions résoudre nous-mêmes, à la lumière de ses enseignements, les problèmes qui nous préoccupent. L'humanité a évolué depuis sa dernière venue ; l'humanité s'est développée depuis la dernière fois où un Instructeur du Monde a foulé notre terre. L'intelligence des hommes a progressé. La moyenne de la mentalité de l'homme s'est élevée à un niveau supérieur.

Une conscience sociale s'éveille, se développe ; et si nous attendons la venue d'un grand Etre, ce n'est plus pour qu'il vienne en conquérant afin de nous élever en puissance, mais en Instructeur qui nous montrera le chemin de la vérité et qui nous apprendra comment régler nos actions à la hauteur de nos aspirations.

Le rêve d'une vie sociale a été fait par notre

monde, rêve qui a ébloui les yeux d'un grand nombre, réchauffé les cœurs de tous. On peut voir aujourd'hui s'étendre dans notre pays, parmi la classe riche et cultivée, un sentiment nouveau de responsabilité, un désir nouveau de servir, un mépris relatif pour le luxe qui l'entoure et que les autres ne peuvent partager, une aspiration à se sacrifier pour que les autres puissent profiter de ce sacrifice. Cet esprit se manifeste de plus en plus chez nos jeunes gens et nos jeunes filles au fur et à mesure que les garçons et les petites filles grandissent.

Ce ne sont pas les vieux d'entre nous, momifiés aujourd'hui jusqu'à tomber dans l'indifférence, qui construiront le Royaume du Christ à venir et fonderont une nouvelle civilisation basée sur l'amour et la fraternité. Son appel s'adressera aux jeunes dont les cœurs sont pleins d'enthousiasme, dont les cerveaux sont lucides, qui aspirent à déployer leur activité, à aimer, à se sacrifier, à ces milliers de jeunes hommes et de jeunes femmes, qui grandissent en ce moment et qui aspirent à se consacrer au service de l'humanité et dont la seule question est celle-ci : « Que pourrions-nous bien faire pour que le monde soit meilleur pour ceux qui y vivent ? » Et, dans ce sentiment qui se répand si largement, dans cet enthousiasme ardent qui anime la jeune génération actuelle, en cela, je vois le corps toujours croissant des disciples qui entoureront le Christ quand Il viendra nous apporter ses enseignements et qui seront conduits par Lui à édifier une organisation sociale plus noble, c'est là la vraie préparation pour Sa venue ; c'est là un signe réel de son apparition prochaine parmi nous. Ce sont ceux qui sont disposés à travailler, à peiner, à se sacrifier, qui constitueront l'armée pacifique qu'Il conduira à la conquête de la grande Société idéale qu'ils édifieront sous Sa direction et qu'ils rendront pratique, grâce à Son inspiration. C'est cette phalange de jeunes qui, plus peut-être que toute autre preuve, marque un nouveau point de départ ; c'est elle qui se manifeste comme le héraut de l'Instructeur à venir et qui sera là pour l'accueillir quand Il viendra.

Et si, mes amis, en vous rappelant les lignes de pensée que j'ai esquissées brièvement ce soir, en jetant les yeux sur l'histoire du passé, vous arrivez à entrevoir quelque chose de ce qui nous est promis pour l'avenir, si vous saisissez bien tous les changements qui se produisent autour de vous dans le monde, tous les signes indiquant les transformations physiques qui se produisent sur la terre ; si vous pouvez vous rendre compte, par vous-mêmes, qu'un nouveau type humain commence à se développer pour former la nouvelle sous-race ; si vous comprenez quelque chose aux grands problèmes qui nous préoccupent et vous rendez compte qu'il n'y a aucun espoir de les résoudre par les méthodes usitées jusqu'ici ; si vous voulez bien vous convaincre qu'une attente toujours croissante se fait sentir de par le monde, l'attente d'un grand Etre qui viendra pour guider et conduire, et que, pendant qu'il se prépare à apparaître, ses enfants se préparent à l'accueillir et à se mettre en mesure de marcher sous son étendard et à exécuter sa volonté ; je crois alors qu'en vous, comme dans certains d'entre nous, s'élèvera l'espoir, même la certitude, que nous sommes à la veille de voir de grands changements s'opérer sous la direction d'un grand Instructeur du Monde qui viendra à notre aide, qui sera notre Guide ; et, à mesure que cette idée se fortifiera dans vos cœurs, la vie se montrera à vous pleine d'espoir, remplie par une joyeuse attente. Vous comprendrez que le monde n'est pas abandonné, que les troubles actuels qui déchirent le monde ne sont que les douleurs de l'enfantement grâce auxquelles naîtra une nouvelle civilisation ; et, de même que les douleurs sont vite oubliées dans la joie ressentie par la naissance d'un fils longtemps désiré, les troubles de notre temps, si menaçants et si terribles qu'ils soient, ne nous apparaîtront plus que comme l'heure sombre qui précède l'aurore, que comme les souffrances qui précèdent la naissance et que, nous aussi, avant qu'il soit bien, bien longtemps, nous constaterons qu'un changement est survenu, que l'Instructeur est avec nous, que notre espoir s'est réalisé, et que nos aspirations se sont transmuées en cette joie intense que nous éprouverons en constatant que notre attente est devenue une réalité.

FIN

TABLE DES MATIÈRES

	Pages
Avant-Propos....................	V
Note du Traducteur..........	VII
I. — L'homme ordinaire ; ses premiers pas...................... ..	1
II. — A la recherche du Maître......	33
III. — La rencontre du Maître.	65
IV. — La vie de Christ......	99
V. — Le Christ triomphant..........	124
VI. — Pourquoi nous croyons à la venue d'un Instructeur du monde.....	148

LES ÉDITIONS
THÉOSOPHIQUES

81, RUE DAREAU, 81

PARIS (xiv')

Extrait du Catalogue Général

Les Éditions Théosophiques se chargent d'expédier à bref délai toute commande d'ouvrages quels qu'ils soient.

AVIS

Nous serions reconnaissants, aux personnes qui nous adresseront leurs commandes, de vouloir bien nous indiquer en même temps les noms et adresses de leurs amis ou relations que nos livres et journaux pourraient intéresser.

Annie Besant.

L'Avenir Imminent . . . . . Prix 3 »
(Avec portrait de l'Auteur).
Port en sus : 0 15

La Nature du Christ . . . . Prix » 75
Port en sus : 0 15

Vers l'Initiation (Conférence de Londres
1912) . . . . Prix 3 »
(Avec magnifique portrait de l'auteur.)
Port en sus : 0 15

C.-W. Leadbeater.

L'Autre côté de la Mort, fort volume
de 600 pages . . . . Prix 4 »
Port en sus : France, 0 30 ; Étranger, 0 60

**La Pensée, sa puissance, son
emploi** . . . . Prix 1 »
Port en sus : 0 05

Gaston Revel.

**De l'An 25.000 avant Jésus=Christ
à nos Jours** (Commentaires sur les Vies
d'Alcyone) . . . . Prix 7 50
Port en sus : France, 0 35 ; Étranger, 0 70

**L'Occultisme, ses Origines, sa Va-
leur.** . . . . Prix 1 »
Port en sus : 0 05

Dharma (Roman). . . . . . . Prix 3 50
Port en sus : 0 15

G. Chevrier.

Introduction à la Généalogie de l'Homme . . . . Prix » 75
Port en sus : 0 05

Cornélius.

Les Mystères de l'Ame. . . Prix 3 »
Port en sus : 0 15

A. de Noircarme.

La Quatrième Dimension. . Prix 2 50
Port en sus : 0 15

Docteur Marquès.

La Théosophie devant la Science.
Prix 3 50
Port en sus : 0 15

Th. Darel.

La Folie (ses causes, sa thérapeutique au point de vue psychique) . . . . Prix 3 »

Le Peuple Roi (Essai de sociologie universaliste) . . . . Prix 3 »

Essai sur la Mystique rationnelle basée sur les Evangiles . Prix » 50

De la Naissance Spirituelle ou Nouvelle Naissance . . . Prix » 50

Edith-Ward.

Science et Théosophie 0 55

Jean Delville

Le Christ reviendra (Fort vol. de 400
pages). *Franco*. 5 25

Dr *Jules Grand.*

Hygiène rationnelle — Végétarisme
Prix. *Franco* : 2 65

Bibliothèque
de l'Ordre de l'Etoile d'Orient :

Prof. Woodhouse.

L'Ordre de l'Etoile d'Orient. . . 0 30

E. Duboc.

Le Retour d'un grand Instructeur 0 30

M. Jarige Augé.

Vers l'Étoile, avec portrait de J. Krisch-
namurti (Alcyone). 0 55

NOS BROCHURES, chaque : **O fr. 30**

Port en sus : 0 05

1. *C.-W. Leadbeater.* — Pourquoi et comment étudier la Théosophie (épuisé).
2. *Annie Besant.* — L'Ère d'un nouveau Cycle.
3.   — Les Messagers de la Loge Blanche.
4.   — Le Sentier des Initiés.
5.   — Le Message de Giordano Bruno au monde moderne.
6.   — L'Évolution de notre Race.
7.   — Étude sur le Karma.
8.   — La Réincarnation et les problèmes sociaux.

"Le Théosophe" illustré
Numéro spécial

50 Illustrations, Portraits des principaux Instructeurs théosophes. Différents articles de Mme Annie BESANT, M. C.-W. LEADBEATER, Pierre LOTI, Aimée BLECH, G. CHEVRIER, Louis REVEL, Gaston REVEL., etc...

Franco de port avec la Table des matières du « *THÉOSOPHE* » 1911.   Prix : **2 Francs.**

A LIRE :

ANNIE BESANT. — *Les lois fondamentales de la
        Théosophie* 1 50
        — *Le Monde de Demain* . . . 3 »
        — *Mélanges Théosophiques* (suite
        au *Monde de Demain*) . . 2 »
        — *Etude sur la Conscience* . . 3 »
        — *Le Pouvoir de la Pensée* . . 1 50
        — *Précis universel de Religion
        et de Morale*, tome I . . . 2 »
                        Tome II . . 2 »
        — *Pourquoi je devins Théosophe*. 0 75
        — *L'Avenir imminent* . . . . 3 »
        — *La Sagesse antique* . . . . 5 »
        — *Vers l'Initiation* . . . . . 3 »

C.-W. LEADBEATER. — *Le Plan astral*. . . . 1 50
        — *Le Plan mental* . . . 1 50
        — *Clairvoyance* 1 50
        — *Précis de Théosophie* . . 1 50
        — *Echappées sur l'Occul-
        tisme* . . . . . . 3 »
        — *L'Occultisme dans la
        Nature*, tome I . . . 6 »
                        Tome II . . 7 50

AIMÉE BLECH. — *Ombres et Lumières* (contes et
        nouvelles théosophiques). . 3 50
        — *L'Autre Miracle* (roman) . . 3 50
        — *Dette fatale* (roman) 3 50
        — *A ceux qui souffrent*. . . . 1 »

L. REVEL PÈRE. — *Les mystiques devant la
        Science* 3 50
        — *Evolution de la vie et de la
        conscience* . . . . . 4 »

LÉOPOLD ENGEL. — *La Vallée des Bienheureux
        ou le Sentier de la Vérité*. 1 »

PERIODIQUES

Revue Théosophique (*mensuelle*). Le *Lotus bleu*, le numéro 1 franc. ABONNEMENT par an : France, 10 fr.; Etranger, 12 fr.

Annales Théosophiques (*trimestrielles*), le numéro 1 fr. 50. ABONNEMENT par an : France, 6 fr.; Étranger, 6 fr. 60.

Le Théosophe (*bi-mensuel*), le numéro 20 cent. ABONNEMENT : France et étranger, trois mois, 1 fr. 50; six mois, 2 fr. 50; un an 5 fr.

Le Petit Théosophe (*illustré mensuel*), le numéro 0 fr. 25. ABONNEMENT par an : France, 3 fr.; Étranger, 3 fr. 50. Tous les abonnements partent de janvier de chaque année.

Bulletin de l'Ordre de l'Etoile d'Orient (*trimestriel*). ABONNEMENT par an : France, 2 fr. 50; Étranger, 3 fr. Le numéro 0 fr. 75.

SOCIÉTÉ THÉOSOPHIQUE

Quartier général :

Adyar, Madras (Indes Anglaises)

———

La Société Théosophique (fondée en 1875, par H.-P. Blavatsky et H.-S. Olcott) a pour objet :

1° De former un noyau de Fraternité dans l'humanité sans distinction de sexe, de race, de rang ou de croyance.

2° D'encourager l'étude des religions comparées, de la philosophie et de la science.

3° D'étudier les lois inexpliquées de la nature et les pouvoirs latents dans l'homme.

L'adhésion au premier de ces buts est seule exigée de ceux qui veulent faire partie de la Société.

———

La Société Théosophique se compose d'étudiants appartenant, ou non, à une religion reconnue. Tous ses membres ont approuvé, en y entrant, le premier, au moins, des trois buts qu'elle poursuit ; tous sont unis par le même désir de supprimer les haines de religion, de grouper les hommes de bonne volonté, quelles que soient leurs opinions, d'étudier les vérités enfouies dans l'obscurité des dogmes, et de faire part du résultat de leurs recherches à tous ceux que ces questions peuvent intéresser. Leur solidarité n'est pas le fruit d'une croyance aveugle mais d'une commune aspiration vers la vérité qu'ils considèrent, non comme un dogme imposé par l'autorité, mais comme la récompense de l'effort, de la pureté de la vie et du dévouement à un haut idéal. Ils pensent que la foi doit naître de l'étude ou de l'intuition, qu'elle doit s'appuyer sur la raison et non sur la parole de qui que ce soit.

Ils étendent la tolérance à tous, même aux intolérants estimant que cette vertu est une chose que l'on doit à chacun et non un privilège que l'on peut accorder au petit nombre. Ils ne veulent point punir l'ignorance, mais la détruire. Ils considèrent les religions diverses comme des expressions incomplètes de la Divine Sagesse, et au lieu de les condamner, ils les étudient.

La Théosophie peut être définie comme l'ensemble des vérités qui forment la base de toutes les religions. Elle prouve que nulle de ces vérités ne peut être revendiquée comme propriété exclusive d'une Eglise. Elle offre une philosophie qui rend la vie compréhensible et démontre que la justice et l'amour guident l'évolution du monde. Elle envisage la mort à son véritable point de vue, comme un incident périodique dans une existence sans fin et présente ainsi la vie sous un aspect éminemment grandiose. Elle vient en réalité, rendre au monde l'antique science perdue, la *science de l'Ame*, et apprend à l'homme que l'âme est lui-même, tandis que le mental et le corps physique ne sont que ses instruments et ses serviteurs. Elle éclaire les Ecritures sacrées de toutes les religions, en révèle le sens caché et les justifie aux yeux de la raison comme à ceux de l'intuition.

Tous les membres de la Société Théosophique étudient ces vérités et ceux d'entre eux qui veulent devenir Théosophes, au sens véritable du mot, s'efforcent de les vivre.

SOCIÉTÉ THÉOSOPHIQUE

Toute personne désireuse d'acquérir le savoir, de pratiquer la tolérance et d'atteindre à un haut idéal, est accueillie avec joie comme membre de la Société Théosophique.

———

A la *Société Théosophique*, dont le Quartier Général est à Adyar, près Madras (Indes Anglaises), se rattachent les différentes Sociétés (théosophiques) nationales, entre autres : la

SOCIÉTÉ THÉOSOPHIQUE DE FRANCE

59, *avenue de La Bourdonnais*, Paris,

dont le siège est ouvert tous les jours de la semaine, de 3 à 6 heures, et le jeudi soir à 8 h. 1/2.

Prière de s'y adresser pour tous renseignements.

Si on le préfère, on pourra s'adresser à l'une quelconque des autres Sociétés (théosophiques) nationales, dont voici les adresses :

Angleterre : 19, Tavistock Square, Londres, W. C.
Pays-Bas : 76, Amsteldjik, Amsterdam.
Italie : 1, Corso Dogali, Gênes.
Scandinavie : 7, Engelbrechtsgatan, Stockholm.
Indes : Theosophical Society, Benarès, N. W. P.
Australie : 132, Phillip Street, Sydney. N. S. W.
Nouvelle-Zélande : 351, Queen Sreet, Auckland.
Allemagne : Nikolausberger weg, Göttingen.
États-Unis : Krotona, Hollywood, Los Angelès, Cal.
Autriche : Johaunesgasse, 2, Vienne.
Amérique centrale : Apartado 365, La Havane, Cuba.
Hongrie : IV, Ferencziek Teré 4, III, 10 Budapest.

SOCIÉTÉ THÉOSOPHIQUE

Finlande : Pekka Ervast, Agelby.
Russie : 22, Ivanovskaya, Saint-Pétersbourg.
Bohême : Kr. Vinohrady, Cermakova 4 III, Prague.
Afrique du Sud : P. O. Box 1012, Johannesburg, Transvaal.
Ecosse : 28, Great King street, Edimbourg.
Suisse : 7, Cours Saint-Pierre, Genève.
Belgique : 29, rue de l'Hôpital, Bruxelles.

Agents présidentiels :

Pour l'Espagne : M. J. Xifré, 4 rue Aumont-Thiéville, Paris, XVII*.
Pour l'Amérique du sud : S. Adrian Madril, 1749 Cordoba, Rosario de Santa Fé, Argentine.

CONFÉRENCES ET COURS

SALLE DE LECTURE — BIBLIOTHÈQUE

Au siège de la Société: 59, avenue de La Bourdonnais, Paris.

Le Siège de la Société est ouvert tous les jours de la semaine, de 3 à 6 heures. Prière de s'y adresser pour tous renseignements.